Die Scham

Beiträge zur Physiologie, zur Psychologie und zur Soziologie des Schamgefühls

Von

Adolf Gerson

BONN 1919
A. Marcus & E. Webers Verlag (Dr. jur. Albert Ahn)

Druck: Otto Wigand'sche Buchdruckerei G. m. b. H., Leipzig.

Vorwort

Ich bin dem Gegenstand, den ich behandle, und der Größe meiner Aufgabe nicht gerecht geworden. Ich hätte mit Feuerzungen predigen müssen, und das ist mir nicht gegeben. Ich habe nur mit schlichten Worten das lehren können, was ich auf Grund von eigenen Erfahrungen und von Erlesenem wußte. So ist eine mehr wissenschaftliche Theorie des Schamgefühls entstanden; aber für den, der schlichter Belehrung zugänglich ist, dürfte diese Theorie ebenso heilsam sein, wie die eindringlichste Predigt.

Während meine Vorgänger bei der Erforschung des Schamgefühls in erster Reihe das soziologische Material berücksichtigt haben, an dem Gegensatz zwischen unserm eigenen Schamempfinden und dem anderer Völker und Zeiten angeknüpft haben und die Physiologie der Scham nur nebenbei und ergänzend behandelt haben, bin ich vom Physiologischen ausgegangen und suchte von diesem aus einen Weg zum Verständnis des Psychologischen und Soziologischen zu bahnen. Ich versuchte — der Aufeinanderfolge von Physiologie, Psychologie und Soziologie entsprechend — die Phylogenese des Schamgefühls darzustellen. Dabei mußte ich auf einzelne Phasen des Geschlechtslebens früherer Zeiten, auf die Entstehung der Schamhülle, die erotischen Kulte, die Entstehung der Ehe u. dgl., weiter eingehen, als mir lieb war; und wiederum konnte ich diese Dinge im Rahmen des Buches nicht so ausführlich darstellen und begründen, wie es notwendig gewesen wäre und wie ich es gern gewollt hätte. Aber ich glaube doch ein wenig zur Klärung des ganzen Komplexes von Fragen, der mit dem Schamgefühl zusammenhängt, beigetragen zu haben, und ich hoffe, daß das Buch außer den Psychologen von Fach allen, die sich praktisch mit dem Problem der Scham beschäftigen müssen, Ärzten, Juristen, Geistlichen und Pädagogen, willkommen sein wird.

Gerson.

Inhalt

Einleitung

„Oh, meine Freunde! So spricht der Erkennende: Scham, Scham, Scham — das ist die Geschichte der Menschheit."

Nietzsche-Zarathustras Ausspruch bedarf eigentlich keines Kommentars. Aus der Tierheit sind wir emporgestiegen; und wenn wir den Worten unseres großen Dichters glauben dürfen, so brauchen wir die Vernunft, die uns von den Tieren scheidet, nur dazu, „um tierischer als jedes Tier zu sein". Dessen schämt sich der Erkennende! Nietzsche fordert mit Recht, daß wir der Vergangenheit des Menschengeschlechts vorurteilsloser entgegentreten sollen, als wir es gemeinhin tun, daß wir uns bewußt werden sollen des tiefen Abgrundes, aus dem wir emporgestiegen sind und an dessen Rand wir, der Gefahr des Absturzes ausgesetzt, auch jetzt noch stehen. Für den einzelnen Menschen wie für ganze Geschlechter ist eine tiefe ehrliche Scham stets die stärkste Triebfeder zu höherem Streben gewesen, und nur, wenn wir Scham fühlen ob unserer Vergangenheit, vermögen wir hinaufzusteigen zu höherer Vollkommenheit.

Das gilt auch von der Scham in geschlechtlichen Dingen. Was wir von den geschlechtlichen Verirrungen früherer Zeiten wissen, das allein rechtfertigt schon den Ausspruch Nietzsches, daß Scham sei die Geschichte der Menschheit! Die Besten unter uns ergreift Scham und Grauen, wenn sie der Sünden gedenken, die sich unsere erleuchtete Gegenwart auf dem Gebiete der Geschlechtlichkeit zuschulden kommen läßt. Und die Zukunft wird nur dann reinere Geschlechtssitten, edlere und vollkommenere Menschen zeugen, wenn diese Scham, die geschlechtliche Scham, Allgemeingut der Menschheit geworden ist.

Das Schamgebotene ist nach Ort und Zeit, nach Alter und Lebensstellung jedes einzelnen verschieden. Wer in Berlin an der Straßenecke seinen Harn läßt, wenn er abends aus dem Café kommt, erregt Anstoß und bekommt ein Strafmandat; aber auf dem Lande stellt sich jeder an den nächsten Baum und am hellen lichten Tage. Im Buche eines Kriegsgefangenen lese ich, daß bei den sibirischen Russen beide Geschlechter aller Gesellschaftsklassen und Lebensalter ohne jede Verhüllung des Körpers gemeinsam baden, und bei uns scheut man ihr gemeinsames Baden selbst bei hochgeschlossener Badehose. Die eine macht im dunklen Schlafzimmer noch die Augen zu, wenn ihr Ehegatte kommt, und die andere steht in der Sezession frech vor der enthüllten Nacktheit. Dergleichen Beispiele könnte ich zahlreiche geben. Das Wesen, die Berechtigung, die erziehliche Behandlung des Schamgefühls, seine ästhetischen, juristischen und pädagogischen Auswirkungen, das alles erscheint uns in gleicher Weise unbestimmt und nebelhaft, daß es eine Notwendigkeit ist, ein festes Fundament zu schaffen, auf dem Theorie und Praxis weiterbauen können.

I.

Zur Physiologie des Schamgefühls

Ein Traum versetzte mich neulich in eine Situation, die ein äußerst starkes Schamgefühl hervorrief. Im Erwachen fühlte ich das Peinliche der Lage und das Niederdrückende der Scham noch sehr stark. Als ich mir aber kurz darauf den geträumten Vorgang wachend vergegenwärtigte, da blieb die Scham, die mich während des Traumes gequält hatte, völlig aus. Im Gegenteil, ich amüsierte mich köstlich über den sonderbaren Traum, und ich konnte ihn auch anderen erzählen, ohne daß ich Scham empfand. Hier steckt ein noch nicht genügend beachtetes psychologisches Problem. Die Vorstellungen, die ich wachend reproduzierte, sind doch dieselben, die während des Traumes aufgestiegen waren; und wenn diese Vorstellungen während des Traumes das Schamgefühl erregten, warum erregen sie es denn bei der Wachreproduktion nicht? Und wenn im Traume alles ausblieb, womit ich in Wirklichkeit auf das Schmähliche der Lage reagiert hätte, abwehrende Bewegungen, Fluchtversuche, Entschuldigungen und vielleicht auch das Erröten, warum blieb da im Traume nicht auch das Schamgefühl aus? Gewiß, bei der Wachreproduktion besteht das Bewußtsein des Unwirklichen, und dieses hindert das Aufkommen des Schamgefühls. Aber, so frage ich weiter, warum besteht das Bewußtsein des Unwirklichen nicht auch im Traume, warum täuschen die Vorstellungen im Traume eine Wirklichkeit vor, die sie während der Wachreproduktion nicht haben? — Diese Fragen hätte ich vermeiden können, wenn es eine brauchbare psychologische Theorie des Selbstbewußtseins gäbe. Ein besonderes nervöses Organ ist es eben, das uns fähig macht, die aufsteigenden Vorstellungen als der Wirklichkeit entsprechend oder nicht entsprechend zu erkennen, und dieses nervöse Organ bezeichne ich, in gleicher Weise wie seine Funktion, als S e l b s t b e w u ß t s e i n. Im Schlafe ist das Selbstbewußtsein gehemmt, und wir sind dann unfähig, bei etwa aufsteigenden Vorstellungen zu erkennen, daß sie der Wirklichkeit nicht entsprechen. Aus der Tatsache aber, daß das Schamgefühl bei mir im Traume eintrat, bei der Wachreproduktion der Vorstellungen aber ausblieb, muß ich schließen, daß das Schamgefühl nicht an bestimmte Vorstellungen gebunden ist, sondern daß es ebenfalls im Gehirn eine selbständige Lokalisation besitzt, von wo aus es im Gefolge von Vorstellungen eintreten kann, ohne daß ein Zwang dazu besteht. In unserem Falle, bei dem das Schamgefühl im Schlaf eintrat, im wachen Zustand aber nicht, war die Hemmung des Selbsbewußtseins die Vorbedingung für das Zustandekommen des Schamgefühls. Wir dürfen daher vermuten, daß der Zwang, unter dem das Schamgefühl bei gewissen Vorstellungen erscheint, in irgendeiner Weise mit der Hemmung des nervösen Organs verknüpft ist, das ich als Selbstbewußtsein bezeichnete. Die weitere Untersuchung wird zeigen, daß diese Vermutung uns auf den rechten Weg geführt hat; das Schamgefühl beruht tatsächlich wesentlich auf einer Hemmung des Selbstbewußtseins[1]).

Der schamhafte Augenschluß

Wer beschämt ist, kann den anderen nicht ins Auge sehen; er schlägt die Augen nieder. Ich habe oft beobachtet, daß beschämte Kinder die Augen völlig schlossen. Was soll diese eigenartige Bewegung? Man könnte meinen, daß der Beschämte den, der ihn beschämt, nicht sehen will; dazu würde aber ein Abwenden der Augen, ein Fortdrehen des Kopfes zweckdienlicher sein. Wenn man einen Menschen haßt oder verachtet, befreit man sich von seinem Anblick stets durch ein Abwenden der Augen (und des Kopfes), nicht aber durch ein Niederschlagen und Schließen der Augen, wie es bei der Scham unbewußt eintritt. Warum ist das Schamgefühl mit Augenschluß, nicht aber mit Abwenden des Auges verknüpft? Der Beschämte möchte sogar gern Kopf und Augen wegwenden, er möchte sich am liebsten umdrehen und sich aus dem Gesichtsfelde des ihn Beschämenden ganz und gar entfernen (bei Haß und Verachtung ist dies möglich); aber er kann sich nicht von der Stelle rühren, seine Bewegungen sind gebannt, und er glaubt, in den Boden sinken zu müssen. Der Beschämte weiß überhaupt nicht, was er tun soll, er ist völlig verwirrt, seine Vorstellungen bleiben für kurze Augenblicke aus. Hätte ich nun nicht durch meinen eigenartigen Traum darüber Aufschluß erhalten, daß das Schamgefühl in einer bestimmten gegensätzlichen Beziehung zum Selbstbewußtsein steht, so hätte ich es durch Selbstbeobachtung bei jeder wirklichen Beschämung feststellen können, daß das Schamgefühl an eine Hemmung des Selbstbewußtseins durch ein anderes nervöses Organ gebunden ist. Wir fühlen bei der Beschämung ordentlich, wie unser Selbstbewußtsein ruckweise sinkt, bis es den Tiefstand erreicht, wo es uns schwarz vor den Augen wird und wir daran sind, in Ohnmacht zu sinken. Ist nun aber das Selbstbewußtsein das nervöse Organ, in welchem die Vorstellungen während des Wachseins bewußt werden und dessen Hemmung auch den Schlaf erzeugt, so ist das Niederschlagen des Auges und der Augenschluß beim Schamgefühl sehr erklärlich. Hemmung des Selbstbewußtseins und Augenschluß haben sich beim allabendlichen Einschlafen so eng miteinander assoziiert, daß eine Hemmung des Selbstbewußtseins, auch eine so schwache Hemmung, wie sie das Schamgefühl darstellt, nie ohne das völlige oder wenigstens teil-

---

[1]) Es ist scharf zu scheiden zwischen Selbstbewußtsein und Wachbewußtsein. Nur beim Menschen ist das Wachbewußtsein zugleich Selbstbewußtsein, wie ja auch das Selbstbewußtsein ohne Wachbewußtsein nicht denkbar ist. Das Tier besitzt ein Wachbewußtsein, aber kein Selbstbewußtsein. Die Lehre vom Selbstbewußtsein ist bei Psychologen und Psychiatern noch in der Entwicklung, und die Ansichten über dasselbe sind wenig geklärt. Am besten erscheint mir die Abhandlung von Schilder „Selbstbewußtsein und Persönlichkeitsbewußtsein" (Monogr. a. d. Gesamtgeb. d. Neurol. u. Psych. Heft 9. 1914).

weise Schließen des Auges erfolgen kann. Ich will zugeben, daß der Beschämte seine Augen auch darum instinktiv schließt, weil ihm der Anblick des Beschämenden peinlich ist und weil er sich ein wenig erleichtert fühlt, wenn er den Beschämenden nicht sieht. Aber das Niederschlagen der Augen kann sich als Instinkt nur entwickelt haben, weil es zuvor schon als Reflex (bei Hemmung des Selbstbewußtseins) gegeben war. Denn wäre das Niederschlagen der Augen als Instinkt zur Rettung vor der Scham entstanden, so müßte es von dem Schamgefühl befreien können, und das ist nicht der Fall. Es lindert das Schamgefühl wohl etwas, befreit aber nicht davon; das Schamgefühl dauert auch bei geschlossenen Augen und so lange an, als man sich dessen bewußt ist, vom Beschämenden beobachtet zu werden.

Wenn das schamhafte Weib sich vor dem Manne enthüllt, so schlägt es ebenfalls die Augen nieder. Maler und Bildhauer haben in unzähligen Darstellungen den Moment festgehalten und verherrlicht, in welchem das sich entkleidende Weib verschämt zu Boden blickt. Und die Dichter rühmen den schamhaften Blick ihrer Idealgestalten, rühmen ihn am Manne wie am Weibe. Denn der Blick der Scham verheißt Seelenadel und körperliche Unberührtheit. Ich muß aber bestreiten, daß der Augenschluß beim sexuell erregten Weibe immer Scham bedeutet. Der gesenkte Blick ist nicht immer das, wofür man ihn zu nehmen gewohnt ist, ein untrügliches Zeichen der Schamhaftigkeit. Wenn Frauen und Mädchen bei zynischen Bemerkungen und unflätigen Berührungen von Männern den Blick senken, so weiß ich sehr wohl, daß sie sich schämen, denn ich selber empfinde ja jene Handlungsweise als schamverletzend. Ich kann mir auch sehr wohl denken, daß Wildheit und Roheit des Mannes auch ein des geschlechtlichen Beischlafes gewöhntes Weib hin und wieder zur Scham bringen können. Ich kann es mir aber nicht denken, daß ein Weib Scham empfinden kann, wenn es sich einem geliebten Manne willig hingibt, und ich kann mir auch nicht denken, daß es noch nach langjähriger Ehe die körperliche Berührung als schamverletzend empfindet. Und doch tritt das Niederschlagen der Augen immer bei starker sexueller Erregung vor dem Manne ein, und selbst bei älteren Ehefrauen. Auch schamlose Dirnen, denen schon Tausende von Männern beiwohnten, schließen wohl die Augen auf der Höhe der Brunst. Auch der Mann schlägt die Augen nieder vor wirklichen Schamlosigkeiten anderer Männer und Frauen, vielleicht auch bei der ersten Begegnung mit der Geliebten oder in der Hochzeitsnacht im Augenblick des Alleingelassenwerdens. Aber seinem Eheweibe gegenüber ist er dann der Scham enthoben und selbst bei stärkster Aktivität des Weibes. Warum schlägt das Weib bei der Aktivität des Mannes die Augen nieder, nicht aber der Mann bei der Aktivität des Weibes? Warum schlägt das aktive Weib die Augen nieder und selbst bei völliger Passivität des Mannes? Das Niederschlagen des Auges kann hier unmöglich ein Zeichen der Scham sein. Denn nur der passive leidende Teil kann sich schämen, nicht aber der aktive, angreifende.

Das Niederschlagen des Auges ist beim sexuell erregten Weibe nicht immer ein Zeichen der Scham. Wirkliche Scham ist bei Mann und Weib immer gepaart mit Erröten des Antlitzes; aber beim sexuell erregten Weibe fehlt das Erröten immer, und es tritt nur dann auf, wenn es schamverletzend behandelt worden ist und dann wirkliche Scham vorhanden ist. Niederschlagen des Auges ohne Erröten ist kein schamhaftes Niederschlagen. Auch die alten Künstler müssen die Erkenntnis besessen haben, daß das Niederschlagen des Auges beim sexuell erregten Weibe etwas anderes sein kann als ein Zeichen der Scham. Das schließe ich aus der Tatsache, daß bei der mediceischen und bei der milesischen Venus das Niederschlagen der Augen vermieden worden ist, obwohl deren Schöpfer die Gestalt der Göttin offenbar so geben wollten, wie sich das reine und edle Weib im Augenblick der Enthüllung vor dem Manne gibt. Beide Künstler sahen sich bei der Ausführung ihrer Idee vor ein Dilemma gestellt. Gaben sie die Göttin mit ganz oder halbgeschlossenen Augen, so hätte der Beschauer in dem Bilde gleicherweise sehen können: das durch Männerroheit zur Scham geführte reine Weib, oder das ob eigener Schuld sich schämende sündige Weib, oder das moralisch-indifferente, sexuell erregte Weib. Diese Vieldeutigkeit mußten die Künstler vermeiden. Der Maler hat es in der Hand, durch Anbringung anderer Figuren den Beschauer aufzuklären, was der Augenschluß andeutet. So sind wir bei den zahlreichen Bildern mit dem bekannten Vorwurf „Susanna im Bade“ gar nicht im Zweifel, daß das Weib das durch Männerroheit beschämte reine Weib ist, wenn wir die beiden Alten im Hintergrunde sehen. So sind wir bei Correggios „Jo und Jupiter“ gar nicht im Zweifel, daß der Augenschluß hier auf sexuelle Erregung deutet. Die Schöpfer der mediceischen und milesischen Venus aber waren nicht in der Lage, durch Nebenfiguren dem vorzubeugen, daß der Augenschluß vom Beschauer falsch verstanden wurde. Die Künstler sahen daher vom Augenschluß ganz ab. Wiederum hätte die Göttin bei einem auf den Beschauer gerichteten freien Blick nichts Göttliches und nichts wahrhaft Menschliches an sich gehabt. Der Schöpfer der mediceischen Venus suchte nun seiner Idee auf folgende Weise gerecht zu werden. Er gab dem Körper der Göttin die Andeutung einer leichten Bewegung, wie wir sie bei geringem Erschrecken machen; warum, das werden wir weiter unten sehen. Er legte die zierlichen, durch schwaches Spreizen der Finger ebenfalls ans Erschrecken gemahnenden Hände vor die Brust und vor die Schamteile, so daß diese dem Beschauer verhüllt werden. Und er gab endlich dem Kopfe und den Augen eine leichte Bewegung vom Beschauer hinweg. Der Beschauer kann nun, da der Augenschluß fehlt, weder an verletzte Scham, noch an sündige Scham denken; er kann in der Göttin nur das sexuell erregte, geschlechtlich unschuldige Weib sehen. Die vom Künstler gegebene Stellung der Hände und Augen ersetzt den fehlenden Augenschluß völlig. Der Schöpfer der milesischen Venus aber ging einen anderen Weg. Er gab dem Körper der Göttin jene zwanglose aufrechte Haltung der Seelenruhe, wie sie nur Götter dauernd bewahren können. Und er gab den edlen, etwas herben Zügen des Gesichts, dem ruhigen, geraden Blick des Auges die Richtung ein wenig vom Beschauer hinweg; weiter nichts, weiter keine Andeutung der Enthüllung des Körpers, als das fallende Kleid. Aber das genügt. Der Blick der Göttin hindert uns, an verletzte oder sündige Scham zu denken, der leicht zur Täuschung führende Augenschluß ist vermieden. Und wenn ich die beiden Göttergestalten miteinander vergleiche, so muß ich der milesischen Venus den Vorzug geben. Wie klar tritt hier die Idee zutage trotz der wunderbar einfachen Mittel des Ausdrucks. Was dem Schöpfer der mediceischen Venus unerläßlich schien zum Ausdruck der Idee: die leichte ans Erschrecken gemahnende Körperbewegung, die den Aufruhr der Seele beim Fallen des Kleides malt, die Handbewegung, die den Willen zur Keuschheit offenbaren soll, alles dieses erscheint uns, wenn wir die Venus von Milo gesehen haben, entbehrlich, ja sogar vom Übel. Die Seelenunruhe ist einer Göttin nicht würdig, und bei der Handbewegung hat der Beschauer die Empfindung, als ob er durch sie auf die zu verbergenden Stellen mehr hingewiesen als dadurch abgelenkt wird. Ein wahrhaft reines und geschlechtlich unschuldiges Weib hat von seiner Schwäche nicht solch klares Bewußtsein, wie es uns die mediceische Venus durch Körper- und Handbewegung verrät; es verrät ebensowenig Furcht vor dem Beschauer, wie Freude über das Beschautwerden; es zeigt immer die Seelenruhe und Hoheit der Göttin von Milo, jene Seelenruhe und Hoheit, die nur ein wahrhaft reines Weib in der Stunde der Erfüllung ihres natürlichen Berufs offenbaren kann.

Was deutet aber der Augenschluß beim Beischlaf, was deutet der abgewandte Blick der schaumentstiegenen Göttin der Liebe? Zur Antwort muß ich leider noch in Rätseln sprechen. Hinter dem abgewandten Blick der Göttin von Milo verbirgt sich eines der größten Geheimnisse der Natur, das Geheimnis vom wahren Wesen unseres Menschentums, das noch kein Mensch ergründet hat und dessen restlose Ergründung sobald keinem Menschen gelingen wird. Was der Göttin Auge spricht, das auszusprechen ist des Menschen Mund noch nicht fähig[2]).

Das schamhafte Erröten

Wir wissen jetzt, daß das Schamgefühl eine Hemmung des Selbstbewußtseins darstellt und daß das Niederschlagen des Auges ein mit der Hemmung des Selbstbewußtseins verknüpfter Reflex ist. Schwieriger als die Erklärung des Augenschlusses ist die des Errötens. Ich kenne Menschen — so gut wie mich selber — die den Reflex des Augenschlusses bei der Beschämung so gut unterdrücken können, daß sie die Augen selbst bei starker Beschämung nicht niederzuschlagen brauchen. Sie können dem sie Beschämenden frech ins Gesicht sehen. (Alle Reflexe sind ja mehr oder weniger unterdrückbar.) Aber sie können es nicht verhindern, daß es heiß und immer heißer in ihnen emporsteigt und daß sie rot und immer röter

[2]) Auch das „Augenklappern" der Dirne hat mit der Scham nichts zu tun. Es wird von der Dirne instinktiv produziert, um dem Manne geschlechtliche Erregung vorzutäuschen, und es soll keineswegs Scham anzeigen. Seinen Ursprung hat es im Augenschluß des geschlechtlich erregten Weibes.

werden. Das Erröten kann kein Mensch unterdrücken; und wenn einer wirklich Anlaß hat, sich vor seinen Nebenmenschen zu schämen, so wird er im Augenblick der Beschämung auch rot werden. Das Erröten ist also ein sichreres Zeichen der Scham als das Niederschlagen des Auges, das der Mensch unterdrücken kann, und das auch, wie wir gesehen haben, in anderen Fällen, als denen der Scham, eintreten kann.

Bevor ich auf die Entstehung des Errötens eingehe, will ich untersuchen, welcher Zweckmäßigkeit, welcher arterhaltenden Wirkung dieses und der Augenschluß ihr allgemeines Vorkommen bei allen Menschen verdanken; denn wären beide nicht in einer gewissen Weise zweckmäßig und arterhaltend, so hätten sie vielleicht entstehen, sich aber doch nicht durch die Jahrtausende hindurch wirksam erhalten und gar vervollkommnen können. Für den betreffenden Menschen, der errötet und die Augen niederschlägt, ist nun beides so unzweckmäßig wie möglich; er verrät ja dadurch den anderen, daß er etwas begangen hat, was verboten ist. In gesundheitlicher Beziehung nützt es dem Menschen nicht im geringsten; das Erröten tritt vielmehr bei einzelnen Menschen krankhaft auf, oder es führt zur Errötungsfurcht (Erythrophobie)[3]. Sie erröten bei jeder Gelegenheit, bei jeder Frage, die man an sie richtet, bei jedem Blicke, den man auf sie richtet. Und weil sie wissen, daß sie leicht erröten, so fürchten sie bei jeder Gelegenheit, daß sie erröten müssen. Und weil sie bei jeder Gelegenheit fürchten, daß sie erröten müssen, deswegen schämen sie sich und erröten. Die Errötungsfurcht ist eine zwangsmäßige, und sie gehört mit den anderen Phobien zu den sogenannten Zwangsneurosen. Zweckmäßig ist das Erröten und das Niederschlagen des Auges dagegen insofern, als dadurch Menschen, die sich ein Vergehen zuschulden kommen ließen, entlarvt werden können. Besonders bei Kindern sind das Erröten und das Niederschlagen des Auges untrügliche Zeichen der Schuld. Sucht der Lehrer in der Klasse nach einem Missetäter, so ist es fast immer der, der unter dem Blick des Lehrers rot wird und die Augen niederschlägt. Für Vater und Mutter ist das Rotwerden des Kindes oft erst der Anlaß, danach zu forschen, was es denn begangen habe. Also eine Zweckmäßigkeit des Errötens und des Augenschlusses ist vorhanden. Sie sind aber nicht zweckmäßig für den, der von ihnen betroffen wird, sondern für die Gemeinschaft, in der dieser lebt; die Gemeinschaften werden dadurch in die Lage gesetzt, Vergehen ihrer Angehörigen zu entlarven und zu ahnden.

Wir kommen nun zu der Frage, wie das Erröten entstanden ist. Ich folge bei ihrer Beantwortung im wesentlichen den Gesichtspunkten, die Darwin in seinem Buche „Der Ausdruck der Gemütsbewegungen beim Menschen und bei den Tieren" aufgestellt hat. Das Erröten erfolgt vorwiegend und fast ausschließlich im Gesicht, selten noch auf Hals und Brust. Das legt nahe, daß wir es den mimischen Reflexen, wie Lachen und Weinen, den Gesichtsbewegungen bei Zorn, Wut, Haß, Verachtung, Freude, Überraschung,

[3] Zwei interessante Fälle gibt Bernhardt (Beiträge zur Lehre von der Errötungsfurcht) in Berl. klin. Woch. 51. 1400. 1914.

Mitleid usw., gleichsetzen, obwohl die mimischen Reflexe vorwiegend muskuläre, das Erröten aber ein rein vasomotorischer Reflex ist. Die mimischen Reflexe sind beim Menschen zu einer Zeit entstanden, als er die Sprache noch nicht besaß; ja sie gehen in weitem Umfange, so wie es Darwin dargetan hat, auf seine tierischen Vorfahren zurück. Zur Zeit, als der Mensch die Sprache noch nicht besaß, konnte er sich mit den anderen Menschen durch mimische Reflexe verständigen; d. h. die anderen Menschen erkannten mit Hilfe von Instinkten, die teils ererbt, teils postembryonal erworben waren (Fütter-, Eltern-, Geschlechts-, Moral-, Mitleidinstinkt u. a.), aus den an ihm auftretenden Reflexen, was ihn seelisch erregte und wessen er bedurfte. An den mimischen Reflexen des Einzelnen erkannten die in Familien und Horden zusammenlebenden Urmenschen, wenn er in Not war, wenn er Hunger oder Schmerzen hatte, wenn er vom geschlechtlichen Partner den Beischlaf wollte oder ihn nicht wollte, wenn er ihre Annäherungen, Wünsche und Handlungen gutbieß und wenn nicht.

Versetzen wir uns nun im Geiste in eine größere Horde oder Familie der Urmenschen hinein. Wir sehen sie unter ähnlichen Verhältnissen leben, unter denen heute die anthropomorphen Affen leben. Da weilt ein Haufe von 50 bis 100 Personen, Männer, Weiber und Kinder, beieinander. Der stärkste Mann hält die wenigen schwächeren Männer, die zahlreicheren Weiber und die noch zahlreicheren Kinder in Gehorsam. Sie müssen ihm alle dienen, und er hat unbeschränkte Macht über alle Personen und allen Besitz. Was die anderen besitzen und genießen, das haben sie nur mit seiner Erlaubnis. Aber hinter seinem Rücken handeln die anderen seinem Willen entgegen. Die Kinder stehlen von seinen Vorräten und naschen von seinen Leckerbissen. Die jüngeren Männer benutzen widerrechtlich seine Waffen und Geräte, und seine Weiber geben sich heimlich den jüngeren Männern hin. Seine Schutzbefohlenen halten auch untereinander keinen Frieden, sie zanken miteinander, bestehlen, schlagen und morden sich. Die Familie und Horde kann aber nur dann bestehen, wenn in ihr Ordnung und Frieden herrscht. Das Oberhaupt muß daher mit Güte und Strenge für Ordnung und Frieden sorgen. Das war in jener Zeit, wo es noch keine Sprache gab, gar nicht so einfach, wie es uns heute dünkt. So lange die Sprache fehlte, hatte das Oberhaupt noch kein Mittel, durch das Verhör des in Verdacht Stehenden und der Zeugen die Wahrheit festzustellen, heimlichen Vergehen nachzuforschen und den Dingen auf den Grund zu gehen. Unter solchen Verhältnissen mußte ein äußeres Kennzeichen des Schuldbewußtseins, wie es das Erröten und das Niederschlagen des Auges darstellt, für das richtende Oberhaupt von großem Werte sein. Wer bei seinem Anblick errötete, wer rot wurde, wenn er nach einem vermißten Gegenstand umherblickte, wenn er einem Zank entgegentrat, wenn er ein Weib in Gesellschaft eines Mannes fand, der war der Schuldige und mußte bestraft werden. Sein Moralinstinkt leitete ihn, daß er die Schamreflexe seiner Untertanen richtig deutete. Und diesen Moralinstinkt und diese Schamreflexe hat die Natur am Menschen der Vorzeit entstehen lassen, weil es sonst beim Fehlen einer anerkannten Moral und eines Gewohnheitsrechtes den Führern der menschlichen Gemeinschaften unmöglich gewesen wäre, in diesen Gemeinschaften Ordnung und Frieden aufrecht zu erhalten und diese Gemeinschaften vor dem Verfall zu bewahren.

Gegen diese Annahme spricht nur ein Bedenken. Bei den Menschen weißer Rasse ist das Erröten leicht sichtbar; bei den Menschen dunkler Rasse aber ist die stärkere Füllung der in der Haut liegenden Blutgefäße weniger sichtbar. Der vasomotorische Schamreflex bewirkt bei ihnen nicht ein Rotwerden, sondern ein Dunklerwerden der Haut. Bei den dunklen Rassen kann daher von einem „Erröten" keine Rede sein. Ich habe leider darüber, ob bei den dunklen Rassen das Dunklerwerden der Haut ebenso als Kriterium der Schuld aufgefaßt wird, wie bei den hellen Rassen das Erröten, keine Angaben sammeln können. Bei den alten Hebräern, deren Hautfarbe wohl zwischen hell und dunkel die Mitte hielt, wurde der vasomotorische Schamreflex als solcher erkannt. Gott-Vater spricht zu Kain, der den Abel erschlagen will: „Warum entbrennst du, und warum senkt sich dein Angesicht? Fürwahr, wenn du rechtschaffen bist, so kannst du es erheben!" Was Gott-Vater an Kain auffällt, sind die uns bekannten Schamreflexe (auch das Senken des Gesichts ist ein Schamreflex). Die Frage: „Warum entbrennst du?" deutet darauf, daß bei den Hebräern der vasomotorische Schamreflex, den wir „Erröten" nennen, vorhanden war, und daß er als Zeichen der Schuld gewertet wurde. Ich halte es für zweifellos, daß auch die ganz dunklen Rassen den vasomotorischen Schamreflex zu erkennen und werten wissen. (Nur erscheint es mir nicht gut möglich, daß der vasomotorische Schamreflex zuerst bei einer dunklen Rasse erkannt und gewertet worden sein sollte; er kann, da er bei den dunklen Rassen nur wenig bemerkbar wird, zu seiner Geltung nur bei einer hellfarbigen Urrasse gekommen sein.)

Bei den alten Hebräern diente dieselbe Bezeichnung, mit der der vasomotorische Schamreflex umschrieben wird (חרה), auch zur Umschreibung des Zornes. Der Hebräer hat für das Aufsteigen des Zornes die ursprüngliche Umschreibung „es entbrennt die Nase" (חרה - אף) Es müssen also bei den alten Hebräern Veränderungen an der Nasenfärbung das Zeichen für den Zorn gewesen sein. Die Menschen heller Rasse röten sich bei Zorn ebenso wie bei Scham, und was bei den alten Hebräern Farbveränderungen an der Nase bewirkte, kann nur der vasomotorische Zornreflex gewesen sein, der uns beim Zorn erröten läßt. (Auch wir Heutigen schließen vielfach aus Beobachtungen an der Nase eines Menschen auf sein Seelenleben. Es fällt uns auf, wenn sie (bei Schreck, Ohnmachten u. dgl.) kreideweiß wird, wenn sie spitz und lang wird, wenn sie sich rümpft usw. Wahrscheinlich wurde den alten Hebräern das Aufsteigen des Blutes in den Hautgefäßen, das den Zorn begleitet, zuerst an der Nase sichtbar.) Die Tatsache, daß bei den alten Hebräern Zorn und Scham in gleicher Weise erkannt und in einander nahe verwandten Ausdrücken umschrieben wurden, führt uns dazu, eine Verwandtschaft des vasomotorischen Schamreflexes mit dem vasomotorischen Zornreflex anzunehmen.

Und nun will ich versuchen, den vasomotorischen Schamreflex

auf den vasomotorischen Zornreflex zurückzuführen. Denn beim Schamreflex ist das Zuströmen des Blutes nach den Hautgefäßen unerklärlich, es hat dort keinerlei Aufgabe zu erfüllen und keinen Zweck. Beim Zornreflex aber ist das Zuströmen des Blutes nach den Blutgefäßen der Haut eine leicht erklärbare physiologische Notwendigkeit. Jedem Zorn ging bei unseren tierischen Vorfahren ein Kampf voraus, oder es folgte ihm einer nach. Beim Kampfe bewirkte die starke Muskelbewegung ein Heranströmen des Blutes nach der Peripherie; und bei den Tieren und Menschen, die beim Kampfe Gebiß und Hirn brauchten, strömte das Blut in besonderer Stärke nach dem Kopfe. Wenn nun heut jemand in Zorn gerät, so werden bei ihm die Muskeln, die früher bei den Kämpfen gebraucht wurden, ganz unwillkürlich tätig, er ballt die Fäuste, schlägt um sich, stampft mit den Beinen, knirscht mit den Zähnen, rollt die Augen usw. Dabei wird dann auch der Blutstrom nach diesen Muskeln hin stärker, und er verstärkt sich reflektorisch schon bei der kleinsten Aufwallung des Zornes. (Auf die weiteren Erscheinungen beim Zorn will ich nicht eingehen.) Das Zuströmen des Blutes nach der Peripherie ist also beim Zorn begründet, da die beim Zorn in Erregung geratenden Muskeln des Blutes bedürfen.

Es ist möglich, daß der vasomotorische Schamreflex unmittelbar aus dem vasomotorischen Zornreflex entstanden ist, weil der Zornreflex älter ist als der Schamreflex. Wir können Zornreflexe schon mit aller Deutlichkeit bei niederen Wirbeltieren und selbst bei Wirbellosen beobachten. Sie zeigen bei der Annäherung von Feinden und unliebsamen Nachbarn Bewegungen, durch die sie die sich Nähernden abschrecken und warnen wollen, genau so, wie der Mensch es im Zorn tut. Der Hund knurrt und fletscht die Zähne, der Löwe brüllt, der Hahn spreizt die Federn, der Igel richtet die Stacheln auf, die Schlange zischt, und selbst Käfer und Spinnen und Raupen zeigen Zorn, wenn sie angegriffen und gereizt werden[4]. Die Schamreflexe finden sich dagegen nur beim Menschen und bei keinem Tiere. Also ist eine Ableitung des vasomotorischen Schamreflexes vom vasomotorischen Zornreflex möglich. Nun kommt es auch heute noch nicht selten vor, daß Kinder, wenn sie von ihren Eltern wegen eines Vergehens zur Rechenschaft gezogen werden, zuerst nicht Scham, sondern alles das zeigen, was wir beim Zorn finden: das Ballen der Fäuste, das Stampfen mit den Beinen, das Runzeln der Brauen und der Stirnhaut, das Knirschen mit den Zähnen usw. und natürlich auch das dazugehörige Erröten. Wir sprechen dann vom Trotz der Kinder. Werden trotzige Kinder aber mit wohlangebrachter Strenge und Güte behandelt, so verlieren sich die Zeichen des Trotzes alle bis auf das Erröten, und wenn das Kind später wegen eines Vergehens zur Rechenschaft gezogen wird, so zeigt sich nur noch das Erröten, aber nichts von den übrigen Zeichen des Zornes. Zur Zeit, als die Urmenschen das Schamgefühl noch nicht besaßen, werden sie sich, wenn sie von dem Oberhaupt

---

[4]) Über Abwehrbewegungen siehe Fr. Doflein, Das Tier als Glied des Naturganzen. 1914. S. 321 ff. O. M. Reuter, Lebensgewohnheiten und Instinkte der Insekten bis zum Erwachen der sozialen Instinkte. Deutsch von A. u. M. Buch. 1913.

der Gemeinschaft wegen einer Untat zur Rechenschaft gezogen wurden, so verhalten haben, wie sie sich beim Angriff oder der Unfreundlichkeit eines Genossen verhielten, sie werden in Zorn geraten sein; sie werden dem richtenden Oberhaupt so getrotzt haben, wie dies ungezogene Kinder noch heute tun. Und wie es den Eltern und Erziehern der Gegenwart gelingt, den Trotz ungezogener Kinder zu brechen, so wird es auch den Oberhäuptern der urzeitlichen Familien und Horden gelungen sein, den angeborenen Trotz ihrer Untertanen zu brechen. Durch harte Zucht und wohlangebrachte Güte werden sie es bewirkt haben, daß die schuldigen Genossen, wenn sie vor ihnen standen, das Ballen der Fäuste, das Stampfen mit den Beinen usw. ließen, und daß sie endlich nur noch erröteten[5]).

Dieses vom Zorn abstammende Erröten konnte aber nur dann zum vasomotorischen Schamreflex werden, wenn es sich mit der Hemmung des Selbstbewußtseins so assoziierte, wie der Augenschluß mit ihm assoziiert war. Um die Möglichkeit einer solchen Assoziation zu verstehen, muß man folgendes bedenken: Wenn jemand erschreckt wird, so zeigt er alle die Zeichen eines gehemmten Selbstbewußtseins, die wir bei der Scham finden, nur in verstärktem Maße. Der Erschreckte schließt unwillkürlich die Augen, duckt sich, wird unbeweglich, seine Knie knicken ein, er sinkt zu Boden, der Vorstellungsverlauf wird unterbrochen; und war der Schreck stark, so tritt Ohnmacht ein. Die Scham unterscheidet sich nur dadurch von dem Schreck, daß bei ihr die Hemmung des Selbstbewußtseins weniger stark auftritt und daß beim Schreck die Haut (infolge Zurückströmens des Blutes nach dem Herzen hin) erbleicht, während sie bei der Scham errötet. Schreck und Scham treten leicht auf bei Menschen mit schwachem Selbstbewußtsein, bei Frauen, Kindern, Kranken; Zorn und Trotz dagegen bei Menschen mit starkem Selbstbewußtsein, bei Männern höherer Kasten, bei Kriegern und Künstlern. Hatte das Oberhaupt der urzeitlichen Gemeinschaften das starke Selbstbewußtsein seiner Untertanen so weit gedämpft, daß Zorn und Trotz sich nur noch im Erröten bemerkbar machten, so mußte es, wenn er unter sie trat und mit gerunzelter Miene und erhobener Faust unter ihnen nach einem Missetäter suchte, bei ihnen auch leicht zum Schreck kommen. Alle die erschraken, senkten die Augen, duckten sich, wurden unbeweglich, wurden kreidebleich; aber der eine von ihnen, derjenige, der die Untat begangen hatte und in dem neben dem Schreck nun der Trotz aufquoll, zeigte ein gerötetes Gesicht, das um so mehr hervorstach, je bleicher die anderen waren. Weil in den urzeitlichen Gemeinschaften Vorfälle gleich dem eben geschilderten sehr

---

5) Auch schuldlose Menschen erröten, wenn sie einer Schlechtigkeit beschuldigt werden, und sehr kräftig. Das Erröten ist dann aber mehr ein Erröten des Zornes als das der Scham. Der Schuldlose blickt, wenn Menschen, auf deren Achtung er Wert legt, ihn zu Unrecht beschuldigen, im ersten Augenblick der Überraschung wohl auch betreten zu Boden, und so wird das Bild der Scham dann ein vollständiges. Aber es handelt sich in diesem Falle keineswegs um echte Scham. Denn der schuldlos Beschämte kann den Blick alsbald frei erheben, und der Augenschluß hält nicht so an, wie es bei der echten Scham geschieht. An dem Fehlen des Augenschlusses erkennt man, daß das fortdauernde Erröten das des Zornes über die widerfahrene Unbill ist; schamhaftes und zorniges Erröten sind daher immer unterscheidbar.

häufig waren, so assoziierte sich bei den Urmenschen der vasomotorische Zornreflex mit den Erscheinungen des Schrecks so, daß bei schuldhaften Personen das Erbleichen unterblieb und statt seiner das Erröten an die Hemmung des Selbstbewußtseins sich anschloß; und so entstand der Reflex, der oben als vasomotorischer Schamreflex bezeichnet wurde.

Will ein Vater aus der Schar seiner Sprößlinge, ein Lehrer aus der Schar seiner Schüler, ein Unteroffizier aus der Schar seiner Rekruten, ein Richter aus dem Haufen der Gefangenen den unbekannten Missetäter ermitteln, so wenden sie auch heute noch alle das Mittel an, das die Stammhäupter in der Urzeit anwandten, als sie sich der Sprache zur Aufklärung von Verbrechen noch nicht bedienen konnten. Sie suchen durch Zorn, Drohungen und blindes Wüten die sie umstehende Schar in Schreck zu versetzen. Gelingt ihnen dies, so wird in dem Augenblicke, wo die Zeichen des Schrecks an den Umstehenden zutage treten, an dem Schuldigen das Erröten sichtbar, weil bei ihm die Hemmung des Selbstbewußtseins den mit ihr assoziierten vasomotorischen Schamreflex hervorruft.

Ich habe in einer früheren Arbeit[6]) dargetan, daß der Schreck auf einem nervösen Mechanismus beruht. Ich habe oben (S. 7) darauf hingewiesen, daß das Selbstbewußtsein im Gehirn wahrscheinlich in einem besonderen nervösen Gebilde lokalisiert sei. Ich füge nun daran die Behauptung, daß die Assoziation von Teilerscheinungen des Zornes und des Schrecks, die wir bei der Scham beobachten, ebenfalls in einem besonderen nervösen Gebilde lokalisiert ist, daß diesem auch das Schamgefühl innewohnt und daß von diesem aus die Hemmung des Selbstbewußtseins erfolgt. Auf die Frage, wo sich diese nervösen Gebilde befinden und wie das nervöse Gebilde der Scham auf das Selbstbewußtsein hemmend wirken kann, kann ich hier nicht eingehen[7]).

---

[6]) A. Gerson, Schmerz und Schreck. (Journ. f. Psychol. u. Neurol. 23. 55ff. 1917.)

[7]) Zu den Reflexen der Scham gehört noch das schamhafte Lächeln. Dessen Darstellung würde mich hier weitab führen. Ich gebe sie daher später im Zusammenhang einer Abhandlung über das Lachen.

II.

Zur Psychologie des Schamgefühls

Die Ansichten der Menschen über das, was erlaubt ist, und wessen sie sich zu schämen haben, sind verschieden. Frau X schämt sich, mit ihrem Sommerhut vom vorigen Jahre auszugehen; aber sie schämt sich nicht, ihren Mann zu belügen und zu hintergehen. Herr Y schämt sich, im 4. Stock zu wohnen, schämt sich aber nicht, liederlich zu wirtschaften und Schulden zu machen. Fräulein Z schämt sich, nicht Klavier spielen zu können, schämt sich aber nicht des geschlechtlichen Verkehrs mit Männern usw. Es ist wohl nicht gut möglich, Frau X, Herrn Y und Fräulein Z zu beweisen, daß ihre Scham verkehrt ist. Denn die Ansichten der Menschen über das, was erlaubt und was verboten ist, haben sich nicht so nach bestimmten Regeln und Gesetzen entwickelt, wie etwa der Körperbau des Menschen, seine Sprache, seine gesellschaftlichen Einrichtungen, wie Technik und Wissenschaft. Die Ethik kennt keine ewig dauernden Regeln und Gesetze. Selbst die Gesetze „Du sollst nicht stehlen!“, „Du sollst nicht morden!“ verlangen Zugeständnisse, die von Zeitalter zu Zeitalter wechseln. Wer kann dem Kaufmann vorschreiben, wie weit er in der Ausbeutung der Konjunktur, dem Fabrikanten, wie weit er in der Ausbeutung seiner Arbeiter gehen darf? Wer kann dem Kapitalisten und dem Staatsmann bei ihrem Streben nach Alleinherrschaft Regeln vorschreiben? Sie dürfen „stehlen“ und über Leichen gehen. Anders verhält es sich mit dem Gebot „Du sollst nicht ehebrechen!“. Es scheint mir, als ob dieses Gebot eine uneingeschränkte Geltung hat und kein Zugeständnis zuläßt, und als ob die geschlechtliche Sittlichkeit, die in diesem Gebote gipfelt, auf Normen und Regeln zurückzuführen ist. Bei der psychologischen Untersuchung des Schamgefühls kann ich nicht umhin, auf seine Entstehung einzugehen, und bei der Erforschung dieser werden die Gesetze und Regeln, nach denen sich die geschlechtliche Sittlichkeit entwickelt hat, teilweise erkennbar werden. Wenn ich also im folgenden nur die Entstehung des geschlechtlichen Schamgefühls behandle, so liegt das daran, daß das allgemeine Schamgefühl eine solche Behandlung gar nicht zuläßt, weil seine Tatsachen von Zeitalter zu Zeitalter regellos wechselten und auch in der Gegenwart kein fest umrissenes Bild zeigen.

Die Entstehung der Schamhülle

Als Gott-Vater Adam und Eva im Garten Eden wegen des gestohlenen Apfels zur Rechenschaft ziehen will, da kommen sie hinter den Bäumen, hinter denen sie sich versteckt hatten, hervor, und Adam entschuldigt das Verstecken damit, daß er nackt sei und sich seiner Nacktheit habe schämen müssen. Adam ist eben auch der Ansicht, daß sich das allgemeine Schamgefühl gar nicht recht begründen läßt und daß nur das geschlechtliche Geltung habe. Aber Gott-Vater belehrt ihn: „Wer hat dir denn gesagt, daß du nackt bist?“ Und wir müssen uns fragen, was denn der Apfeldiebstahl mit dem geschlechtlichen Schamgefühl zu tun hat? Oder sollten vielleicht doch Beziehungen zwischen der Scham des 6. und der Scham des 7. Gebotes bestehen?

Nach dem Bericht der Bibel zeigte sich das geschlechtliche Schamgefühl bei den Menschen zuerst darin, daß sie die Blöße des Körpers zu bedecken suchten. Wenn unsere Kinder anfangen, sich im nackten Zustande vor anderen zu verbergen oder das Entkleiden vor anderen Menschen zu scheuen, so nehmen wir an, daß das geschlechtliche Schamgefühl bei ihnen erwacht sei. Wir nehmen an, daß das gschlechtliche Schamgefühl der Menschen um so stärker ist, je mehr sie ihren Körper verhüllen und die Entkleidung vor anderen scheuen. Bei den Menschen der gemäßigten und kalten Zone kann aber die Sitte der Verhüllung vom kalten Klima abhängig sein und durch dieses in der Vorzeit hervorgerufen worden sein. Die Eskimos verhüllen ihren Körper bis auf Gesicht und Hals vollständig; aber in ihren Erd- und Schneehütten gehen sie nackt. Daß die Kälte zur Verhüllung zwingt, sehen wir noch deutlicher an einzelnen Stämmen der Patagonier in der Nähe der Wollastoninsel. Diese schützen sich gegen den eisigen Wind durch ein Stück Otterfell, das hin- und hergeschoben wird, aber die Schamteile meist unbedeckt läßt. Es ist daher nicht angebracht, aus der Verhüllung des Körpers bei den einzelnen Völkern ohne weiteres auf ihr geschlechtliches Schamgefühl zu schließen. Wollen wir erforschen, in welcher Beziehung das geschlechtliche Schamgefühl zur Verhüllung des Körpers steht, so müssen wir uns zu den Völkern der heißen Zone wenden, bei denen das Klima keinen Zwang zur Verhüllung des Körpers ausübt.

Die enge Berührung, in die die Völker der heißen Zone in den letzten hundert Jahren mit den Kulturvölkern gekommen sind, hat es bewirkt, daß diese Völker fast durchweg stärker bekleidet sind, als es vor hundert Jahren noch der Fall war. Völlig nackt gehen heute vielleicht nur noch einige Waldstämme Brasiliens, einige Negerstämme des Kongo und einzelne Horden Australiens. Weit zahlreicher sind in der heißen Zone und ihrer Nachbarschaft die Völker, die, wenn sie auch keine rechte Bekleidung besitzen, so doch die Schamteile mit einem Pflanzenblatt, Fellstück, Rindenstück oder dergleichen bedecken. Was zwingt diese Völker dazu, ihre Schamteile zu bedecken, und was hindert jene daran, dies zu tun? Die Völker, die völlig nackt gehen, sehen an ihren Nachbarn, mit denen sie in Berührung kommen, die Bekleidung der Scham und könnten sie nachahmen, wenn sie wollten. An zur Bedeckung brauchbaren Stoffen fehlt es ihnen nicht, Pflanzenblätter, Rindenstücke, Federn, Tierhäute sind überall zu haben. Wir müssen annehmen, daß jene Völker, die völlig nackt gehen, das geschlechtliche Schamgefühl nicht besitzen und daß sie wegen des Mangels an Scham völlig nackt gehen. Da viele Naturvölker keine andere Hülle als die Schamhülle tragen, so ist ferner anzunehmen, daß die Schamhülle die erste Körperhülle gewesen ist und daß der Mensch in der Vorzeit zuerst seine Schamteile bedeckt hat und sonst weiter nichts.

Ist es denn aber das geschlechtliche Schamgefühl gewesen, was die Menschen der Vorzeit bewogen hat, ihre Schamteile zu verhüllen? Oder kann etwa die Bedeckung der Schamteile durch äußere Umstände erzwungen worden sein? Ein zwingender Einfluß des Klimas ist, wie wir gesehen haben, in der heißen Zone nicht anzunehmen. Es ist auch nicht anzunehmen, daß die Schamhülle die Schamteile vor der Beschädigung durch Dornen, Ungeziefer u. dgl. schützen sollte. Denn wo Dornen den Körper gefährden, wäre eine Bedeckung zum mindesten der Oberschenkel und Lenden erforderlich gewesen, und eine ausschließliche Bedeckung der Schamteile hätte da nicht geholfen. Vor dem Ungeziefer ist die Schamhülle kein schützender Wall, eher bietet sie diesem einen erwünschten Versteck. Ratzel (Völkerkunde I, 88) spricht von einem Aberglauben der Naturvölker, daß ihre Schamteile durch den „bösen Blick" anderer geschädigt werden könnten, wenn sie dieselben offen tragen würden, und von der Ansicht, daß dieser Aberglaube zur Verhüllung der Schamteile gezwungen haben könne. Aber warum sollten gerade die Schamteile dem bösen Blick ausgesetzt sein? Und ist denn dieser Aberglaube so weit verbreitet, daß er allein die Menschheit zur Verhüllung der Scham hat zwingen können?

Die meisten Forscher meinen, bei den Naturvölkern fordere der Mann die Verhüllung seines Weibes, damit der Anreiz zum Geschlechtsverkehr mit anderen Männern wegfalle und damit es anderen Männern als verheiratetes Weib kenntlich werde, und das mannbare Mädchen werde verhüllt zum Schutze ihrer Jungfräulichkeit. Diese Annahme stützen sie darauf, daß bei sehr vielen Völkern die Mädchen bis zur Mannbarkeit oder bis zur Verheiratung völlig nackt gehen und dann erst die Schamhülle oder eine vollständigere Bekleidung erhalten. Nach dieser Annahme ist die Sitte der Verhüllung entstanden, als sich in der Vorzeit Besitzrechte des Mannes am Weibe herausbildeten und der Mann das Bedürfnis empfand, Weiber und Töchter vor fremden Männern zu schützen. Ich kann auf diesen Punkt nur kurz eingehen. So viel ist sicher, daß die Sitte, die mannbaren Mädchen zu kennzeichnen, den noch nicht mannbaren zugute kommt, und daß die Sitte, die verheiratete Frau zu kennzeichnen, der unverheirateten zugute kommt. Die Männer schonen die Jungfräulichkeit. Aber das Besitzrecht des Mannes am Weibe wird dadurch keineswegs mehr geachtet, wenn er es durch Kennzeichnung seines Weibes dokumentiert. Wer seinem Nachbar ein Kuckucksei ins Nest legen will, läßt sich durch einen bunten Fetzen davon nicht abhalten. Gegen die Annahme, die Schamhülle habe zunächst zur Kennzeichnung der verheirateten Frau und des mannbaren Mädchens gedient, spricht aber vor allem folgendes. Bei den meisten Naturvölkern trägt nicht nur das Weib die Schamhülle, sondern auch der Mann. Bei den Mataco und Toba des Chaco in Brasilien, bei den Heiden der Haussastaaten, bei den Bongo und Sandeh am oberen Nil, bei den Grussi in Togo tragen gerade umgekehrt die Männer die Schamhülle, während die Frauen völlig nackt gehen[1]). Bei den Stämmen am Kongo sind die Männer durchweg mehr bekleidet als die Weiber, die die Scham vielfach notdürftig mit einem Pflanzenblatt oder Grasbüschel bedecken. Der Mann kann doch nicht etwa von dem Weibe zum Anlegen der Schamhülle gezwungen worden sein? Oder wollte er sich durch die Schamhülle etwa selbst als verheiratet kennzeichnen? Und wie wäre dann die Tatsache zu erklären, daß es Völker gibt, bei denen der Mann die Schamhülle trägt, das Weib aber nicht? Und ferner: Bei den meisten Naturvölkern tragen auch die ganz jungen Mädchen, bei denen an Mannbarkeit noch gar nicht zu denken ist, und auch die Knaben die Schamhülle; dort hat diese mit dem Eherecht sicher nichts zutun. Und bei zahlreichen Völkern, bei denen auf die Jungfräulichkeit der Mädchen und auf die eheliche Treue der Frau gar kein Wert gelegt wird und bei denen der Mann gar kein Besitzrecht am Weibe hat (Gruppenehe), tragen Frauen und Mädchen ihren Körper gleichwohl verhüllt. Es ist daher ausgeschlossen, daß es zur Verhüllung des Körpers bei den Menschen der Vorzeit deshalb gekommen ist, weil die Männer ihre Weiber vor der Berührung durch fremde Männer sichern wollten.

Es könnte nun sein, daß das erwachende Schamgefühl den Wilden der Vorzeit zur Verhüllung der Schamteile gezwungen hat. Aber zahlreiche wilde Völker, die ihre Schamteile und sogar große Teile des übrigen Körpers verhüllt tragen, haben Götter und Ahnenbilder mit übertrieben groß dargestellten Geschlechtsteilen und nehmen an diesen Bildern keinen Anstoß. Bei zahlreichen stark bekleideten Völkern entkleiden sich Männer und Frauen ohne Scheu bei der Arbeit, beim Baden und im Hause. Auch die alten Griechen entkleideten sich in den Gymnasien und bei Wettkämpfen, ohne daß dies Anstoß erregte[2]). Bei den Kosakaffern, den Dinka, bei einzelnen Nyassastämmen, bei den Bewohnern der Palauinseln gehen die Männer nackt, obwohl die Frauen bekleidet sind; bei anderen, von denen schon die Rede war, gehen die Frauen nackt, während die Männer bekleidet sind; bei den meisten Völkern gehen Knaben und Mädchen nackt, letztere vielfach über das mannbare Alter hinaus; bei allen diesen Völkern kann doch nicht Scham die Ursache der Verhüllung sein. Denn wäre Scham vorhanden, so würde sie alle, Männer, Weiber und Kinder, zur Verhüllung zwingen. Alle Forschungsreisenden stimmen darin überein, daß bei den Naturvölkern die Sittlichkeit mit der zunehmenden Bekleidung nicht zunimmt, sondern eher abnimmt. Die um Upoto am Kongo wohnenden Neger, bei denen Männer und Weiber vielfach völlig nackt gehen, sind sittenreiner als die weiter abwärts wohnenden bekleideten

---

[1]) Die Waganda verhüllen ihren Körper mehr als irgendeine andere Völkerschaft Afrikas. Es gilt bei ihnen als ein strafbares Vergehen, wenn ein Mann etwas von seinem Bein oberhalb seines Knies sehen läßt. Aber die Frauen des Königs — die doch den meisten Anspruch auf Schutz haben sollten und bei denen Berührung am strafbarsten sein sollte — gehen völlig nackt. Und zudem herrscht bei den Waganda trotz der strengen Bekleidungsgesetze große Unsittlichkeit.

[2]) Zahlreiche Beispiele dafür, daß bei stark bekleideten und sittenreinen Völkern die Scheu vor der Entkleidung völlig fehlen kann, bei Havelock Ellis, Geschlechtstrieb und Schamgefühl. 1907.

Stämme. Auf Neupommern (Melanesien) herrscht trotz Nacktheit Keuschheit und Sittenstrenge. Die nackte Njam-Njamnegerin steht im allgemeinen höher als die Waganda- oder Wanyorofrau, die sich mit peinlicher Sorgfalt bis über den Busen verhüllt. Die Masai sehen streng auf die Verhüllung ihrer Jungfrauen, legen aber auf die Keuschheit ihrer Frauen keinen Wert. Ich könnte noch zahlreiche Beispiele dafür geben, daß das geschlechtliche Schamgefühl mit der Art der Verhüllung des Körpers nichts zu tun hat. Die Annahme, daß das geschlechtliche Schamgefühl den Wilden der Vorzeit zur Verhüllung des Körpers gezwungen habe, ist daher ebenfalls nicht haltbar. Bevor man bei den Wilden ein geschlechtliches Schamgefühl annimmt, sollte man erst nachweisen, wozu sie eines solchen überhaupt bedürfen, und wenn es wahrscheinlich ist, daß sie ein solches besitzen, wie es denn entstanden ist. Kann dagegen nachgewiesen werden, daß den Wilden der Vorzeit ein äußerer Zwang zur Bedeckung der Schamteile geführt hat, so sollte man auf die Annahme eines geschlechtlichen Schamgefühls verzichten.

Annehmbarer ist die Meinung, es habe den Wilden das Schmuckbedürfnis zur Verhüllung des Körpers verleitet. Bei den meisten wilden Menschen dient die Kleidung gleichzeitig zur Schmückung des Körpers. Es ist wohl nicht nötig, daß ich Beispiele anführe. Der ärmste Buschmann macht sich ein Armband aus einem Streifen Fell und vergißt nie, es anzuziehen. Es kann aber vorkommen, daß er seinen Schamschurz in einem schamlos durchlöcherten Zustand vorbindet. In Australien tragen die Männer einen aus Haaren und Gras geflochtenen, mit Federn verzierten Gürtel in Nabelhöhe, der aber die Schamteile nicht selten unbedeckt läßt. Mag nun auch der Schmucktrieb den Wilden veranlaßt haben, seinen Körper mit Stoffen aller Art zu bedecken, so bleibt doch unerklärt die Tatsache, daß von fast allen Völkern übereinstimmend gerade die Schamgegend zur Anbringung des „Schmuckes“ ausgesucht worden ist.

In den Familien und Horden der Urmenschen bestand kein äußerer Anlaß, der eines der Wesen gezwungen hätte, seine Schamteile vor den anderen zu verbergen. Das Oberhaupt behandelte die Weiber als sein Eigentum, wehrte den jüngeren Männern den Beischlaf bei den Weibern, bestrafte sie, wenn sie ihn ausführten, oder es verjagte die Schuldigen aus der Gemeinschaft. Daß das Oberhaupt den Untertanen die Bedeckung der Scham soll aufgezwungen haben, halte ich nicht für möglich. Die Furcht vor ihm hielt Männer und Weiber auseinander; die Bedeckung der Schamteile allein wäre unwirksam gewesen und hätte ihn selber nur gehindert. Ein Zwang zum Bedecken der Schamteile entstand auch keinesfalls bei dem engen Zusammenwohnen von Männern und Weibern in einer Familie oder Horde, wo einer den andern beaufsichtigte und überwachte, sondern, wie ich annehme, gerade infolge der Trennung von Männern und Weibern aus ihrem Zusammenleben in der Familie und Horde.

Bei den fortgeschrittensten, am besten organisierten und kriegerischsten der wilden Völker finden wir die Männer ganz oder wenigstens während des wehrfähigen Alters von ihren Familien getrennt und in besondere Männerbünde vereinigt, die oft auch in besonderen

Männerhäusern wohnen. Der Zweck dieser Einrichtung liegt klar zutage. Die Männer sind dann zu Kriegszügen, Wanderfahrten u. dgl. leicht aufzubieten, während sie in den Familien der Teilnahme am öffentlichen Dienst ebenso leicht entzogen werden. Wo mehrere Familien in einem Stamme vereinigt sind, bekämpfen sich die einzelnen Familien leicht um die Führung und Oberherrschaft im Stamm; werden aber die Männer den Familien entzogen, so ist der Zwietracht zwischen den Familien der wichtigste Anlaß genommen. Wo in der Urzeit eine Verbindung mehrerer Familien zu einem Stamme entstand, da wirkten darum die Stammeshäupter auf die Bildung solcher Männerbünde hin, um die Männer zur Hand zu haben, wenn sie sie brauchten, und um den Widerstand der Großfamilien, die selber gern zum Stamme auswachsen oder die Herrschaft im Stamme an sich reißen wollten, zu brechen.

Die Männer waren in diesen Vereinigungen oft längere Zeit von ihren Frauen getrennt, und wenn sich nicht gerade auf einem Kriegszuge die Möglichkeit bot, an den Frauen des besiegten Stammes den unterdrückten Trieb zu betätigen, so wird ihnen die Enthaltsamkeit oft recht schwer geworden sein. Die Häuptlinge erschwerten den jungen Männern das Eingehen der Ehe, und die unverheirateten Männer werden erst recht unter der Absonderung von den Frauen gelitten haben. Es ist wahrscheinlich, daß bei diesen Männern, wenn sie Frauen erblickten und an Frauen dachten, sehr leicht die Erektion des Schamgliedes eintrat. In der Familie, wo der Beischlaf häufig ausgeführt werden konnte und wo der tägliche, oft wenig reizvolle Anblick der Frau gewissermaßen den Reiz des Anblicks gar nicht aufkommen ließ, mag die Erektion während der Arbeit, beim Essen und Trinken, bei allem, was die Sinne und das Denken gefangen nahm, ausgeblieben sein. Nun aber, nach der Absonderung von den Weibern, trat bei allem, was ans Weib erinnerte, die Erektion des Schamgliedes störend ein. Wer da weiß, wie leicht die Erektion des Schamgliedes unsern enthaltsamen jungen Männern zum Verdruß werden kann, insbesondere bei geistiger Arbeit, der wird den Verdruß ermessen, den sie bei den von den Weibern abgesonderten Männern herbeiführte. Nun wird aber eine Schar Knaben durch nichts so leicht zum Lachen gebracht, als wenn einem von ihnen, oder nacheinander dem und jenem, etwas Verdrießliches begegnet. Fliegt einem der Hut vom Kopfe, so lachen die andern, und stolpert einer, so gibt es ebenfalls ein Gelächter. Und die Wilden gleichen darin den Kindern, daß sie durch jede Kleinigkeit zum Lachen verführt werden [3]). Wurde daher in den Männerbünden bei einem der Männer die Erektion sichtbar, so brach die ganze Bande der von ihren Frauen getrennten Männer in ein lautes, anhaltendes Lachen aus, ein Lachen, das dem Ausgelachten wohl immer peinlich war. Vor diesem Gelächter werden sich endlich einzelne und dann immer mehr zu schützen gesucht haben, indem

---

[3]) Livingstone sagt von einer Sklavenkarawane: „Die Neger können kein Lachen halten. Passiert irgendeine Kleinigkeit auf dem Marsch, streift z. B. ein Ast die Last eines Trägers ab, oder wird etwas verschüttet, so schlagen alle, die es sehen, ein Gelächter auf; setzt sich einer ermüdet zur Seite, so begrüßt ihn aus jedem Munde dasselbe Gelächter (Ratzel, Völkerkunde 2. II. 15).

sie die Schamteile durch Pflanzenblätter, Fell, Federn u. dgl. verdeckten. Daraus wird dann allmählich bei den Männern die Sitte entstanden sein, die Schamteile dauernd bedeckt zu halten. Das ist, wie ich vermute, der Ursprung des Schamschurzes gewesen. Wer mit jungen Männern in der Kaserne zusammengeschlafen hat, wird wissen, wie auch hier geschlechtliche Dinge hin und wieder den Anreiz zum Lachen geben, und wie auch hier mancher gerade dadurch zum Bewußtsein seines geschlechtlichen Schamgefühls kommt, daß er von den andern verlacht wird.

Bei dieser Annahme über die Entstehung des Schamschurzes ist die Tatsache erklärt, daß bei einzelnen Völkern die Männer den Schamschurz tragen, nicht aber die Weiber. Es muß noch erklärt werden, wie denn Weiber und Kinder dazu kamen, sich den Schamschurz vorzubinden, und woher es kommt, daß in einzelnen Stämmen die Weiber die Schamhülle tragen, nicht aber die Männer. Ich glaube, daß die Sitte des Bedeckens der Scham bei den Weibern und Kindern durch Nachahmung entstanden ist. Der Schamschurz wurde bei den Männern der frühgeschichtlichen Zeit so zum Zeichen der Männlichkeit, wie bei uns der Spazierstock und die Zigarette; und wie unsere heutigen jungen Mädchen und Frauen Zigaretten rauchen, Sport treiben und wohl gar mit Reitpeitsche und Jagdflinte hantieren, um recht männlich zu erscheinen, so haben sich die Evastöchter der frühgeschichtlichen Zeit den Schamschurz der Männer vorgebunden, um recht männlich zu erscheinen. Nicht um etwas zur Scham Nötigendes zu verdecken — bei dem weiblichen Geschlecht ist ja außer einigen Haaren an der betreffenden Stelle kaum etwas zu verdecken —, sondern um zu verdecken, daß an der betreffenden Stelle nichts zu verdecken ist, haben sich die Weiber den Schamschurz vorgebunden. In den Gemeinschaften der Frühzeit hatte das Weib oft auch mehr Anlaß, sein Geschlecht zu verbergen, als heute. Vielfach mußte es in den Kampf eingreifen, wenn die Männer feindlichen Angriffen zu erliegen drohten, vielfach lag der Tauschhandel mit anderen Stämmen den Frauen ob, die aus diesen Stämmen durch Raub, Tausch oder Kauf erworben waren, vielfach lag der diplomatische Verkehr zwischen den Stämmen in den Händen der Weiber, weil diese die Sprache des fremden Stammes, aus dem sie stammten, besser beherrschten als ein Mann ihres Stammes. Endlich erwarben vielfach die Frauen, weil sie nach der Absonderung der Männer von den Familien die Häupter ihrer Familien wurden, beherrschenden Einfluß auch in den Stämmen, so daß einzelne Stämme neben dem männlichen Führer einen weiblichen erhielten, andere gar sich mit einem weiblichen Führer abfanden. In allen diesen Fällen aber war es für die Weiber vorteilhaft, ihr Geschlecht zu verdecken, und dazu reichte der Schamschurz einigermaßen aus. Das wilde Weib unterschied sich früher und unterscheidet sich auch heute noch in Physiognomie und Körperbau nicht in dem Maße vom wilden Manne, wie sich bei den heutigen Kulturvölkern Mann und Weib unterscheiden. Neger und Negerin sind von hinten gesehen oft kaum zu unterscheiden. Mit Hilfe des Schamschurzes konnte sich daher vielleicht das eine und das andere Weib in einen Mann verkleiden, wenn es ihm vorteilhaft war. Und daß es Stämme gibt, bei denen das Weib den Schamschurz trägt, der Mann aber nicht, kann daher rühren, daß in diesen Stämmen früher einmal Frauen aus anderen Stämmen, bei denen der Schamschurz schon von Männern und Frauen getragen wurde, Aufnahme gefunden und die heimatliche Sitte trotz der Nacktheit ihrer Herren beibehalten haben. Bei den Kindern ist es ja erst recht einleuchtend, daß sie den Schamschurz nur angelegt haben, um es den Eltern gleichzutun, oder daß die Eltern ihnen den Schamschurz angelegt haben, um sie dadurch ganz und gar zu ihrem Ebenbild zu machen.

Die Annahme, daß die Männer den Schamschurz erfunden haben, um die Erektion des Schamgliedes vor ihresgleichen zu verbergen, findet ihre hauptsächlichste Stütze in dem Vorkommen anderer Methoden, die nur eben diesem Zwecke dienen können. Bei einzelnen Indianerstämmen Brasiliens tragen die Männer nichts als einen kleinen Gürtel oder Strick, der über dem Unterleib hängt, aber absolut nichts verdeckt. Er wird nach der Pubertät angelegt und dient dazu, den Penis aufrecht zu erhalten. So kann eine Erektion desselben natürlich nicht sichtbar werden. Die Männer von Mallikollo (Neu-Hebriden) umwickeln den Penis mit Zeug und binden ihn dann aufwärts; die Testikel aber bleiben dabei unbedeckt. Die Betschuanen, Kaffern u. a. hüllen den Penis in eine aus Leder, Holz oder Zeug gefertigte steife Hülle; die Botokuden und Otomaken (Brasilien) stecken ihn in ein Futteral aus Blattflechtwerk. Dadurch wird die Erektion ebenfalls unsichtbar. Die Admiralitätsinsulaner, die Tugere auf Neuguinea u. a. zwängen die Spitze des Penis in eine enge Muschel, die das Glied stark belastet. Die Karaiben Guayanas gebrauchen zu demselben Zweck einen kleinen Kürbis, die Angoni-Männer Afrikas die Schale einer Frucht. Bei den Griechen, Etruskern und Römern trugen Männer, die gezwungen waren, nackt zu gehen, an der Spitze des Gliedes die Fibula, einen Ring. Die Erektion wird hier durch die Belastung verhindert. Alle die genannten Vorrichtungen können keinen anderen Zweck haben als den, die Erektion des Penis zu verschleiern oder zu verhindern; ihr Vorhandensein zeigt, daß bei den Wilden der Vorzeit das Bestreben, die unzeitgemäße Erektion des Penis zu verheimlichen und zu verhüten, bestanden haben muß.

Die Schamhülle der Wilden ist also nicht ein Erzeugnis erwachender geschlechtlicher Scham, und sie deutet nicht auf das Vorhandensein des geschlechtlichen Schamgefühls hin [4]). Nur das allgemeine Schamgefühl, das seit der Menschwerdung vorhanden war, brachte den Wilden der Frühzeit dahin, seinen Penis zu verbergen, weil eine unzeitgemäße Erektion desselben seine Umgebung zum Lachen nötigen konnte. Warum auch sollte der Wilde sich seiner Schamteile schämen, die er doch zu einer von der Natur ge-

---

[4]) Wie wenig die Schamhülle bei den Naturvölkern mit dem Schamgefühl zu tun hat, erkennt man auch daraus, daß einzelne Völker die Schamhülle auch beibehalten haben, nachdem sie sich an eine vollständigere Kleidung gewöhnt hatten. Die Hottentottenfrauen tragen noch immer die alte Schamhülle, wenn sie auch Hemden und Röcke angelegt haben. Die Weiber der Andamanen tragen unter den europäischen Kleidern ihr altgewohntes Gras- oder Blätterbüschel; bei den Afuren

botenen Handlung braucht, wie er den Mund zum Essen und die Ohren zum Hören braucht? Schämt sich der Wilde etwa seiner Hände und seiner Augen? Die Masai, bei denen der Penis von ungewöhnlicher Größe ist, halten es für unanständig, ihn zu verbergen, und zeigen ihn ohne Scheu und ostentativ. Daß auch der Mann der Urzeit keineswegs das Streben hatte, seine Geschlechtsteile zu verbergen, sondern daß er sie mit einem gewissen Selbstgefühl zur Schau trug, darauf deutet ein heute noch bei den niederen Völkern der ganzen Erde weitverbreiter Brauch, die Beschneidung.

Wenn in der Vorzeit ein Mann auf der Wanderung den Seinen abhanden kam und nach langer Irrfahrt wieder zu den Seinen kam, wenn ein Krieger nach langer Kriegsfahrt, ein Händler nach langer Reise wieder zu den Seinen kam, wenn ein in fremde Sklaverei Geratener wieder zu den Seinen kam, so konnte es ihm gehen, wie es Odysseus ging, als er nach Ithaka heimkehrte. Die Seinen erkannten das fremdgewordene Gesicht nicht mehr und suchten nach geheimen Zeichen, wenn solche bestanden hatten. In der Vorzeit kam es häufig vor, daß Männer und Frauen nach jahrelanger Abwesenheit wieder zu den Ihrigen stießen und dann nicht mehr erkannt werden konnten. Es war daher für jeden wertvoll, wenn er ein geheimes Zeichen an seinem Körper trug, durch das er sich später als Stammes- und Familienzugehöriger erweisen konnte. Bei den Völkern, bei denen Herren und Sklaven, Freie und Unfreie durcheinander wohnten und bei denen die Freien Wert darauf legten, Töchter von Freien zu ehelichen und für ihre Töchter freie Männer zu bekommen, wurde es auch notwendig, die Stammeszugehörigen so zu zeichnen, daß Verwechslungen von Freien und Unfreien nicht vorkommen konnten. Es bürgerte sich daher schon früh bei den Völkern der Vorzeit der Brauch ein, die Familien- und Stammeszugehörigen irgendwie zu zeichnen. Die Zeichen mußten dauerhaft und nicht leicht nachzuahmen sein. Bei den heutigen wilden Völkern ist vor allem die Tätowierung in Gebrauch. Sie bildet bei einzelnen Völkern das Vorrecht der herrschenden Klassen, und die Tätowierung ist meist um so kunstvoller, je höher die soziale Stellung des Mannes oder Weibes ist. Andere Mittel zur Kennzeichnung der Nationalität und des edlen Blutes sind Durchbohrungen von Ohrläppchen, Nasenscheidewand, Lippen und Geschlechtsteilen, Zahnfeilungen und Zahnausbruch, Verstümmelungen an den Fingern, Verbiegen der Schädelform u. dgl. mehr. Das am frühzeitigsten angewandte Mittel war aber wohl die Beschneidung der Geschlechtsteile. Das war ein Zeichen, das dauerhaft und geheim war und von nach der Freiheit strebenden Sklaven nicht so leicht nachgeahmt werden konnte. Am beschnittenen Schamglied konnte der Freie den Freigeborenen seines Volkes am ehesten erkennen [5]). War aber das beschnittene Scham-

Kerams und den Jalur am Nil tragen die Männer unter den Kleidern den Schamgürtel, und bei den Malayen tragen Kinder wohlhabender Eltern unter den Kleidern ein goldenes oder silbernes Blatt an einer Kette um den Leib. Wäre die Schamhülle ein Erzeugnis des Schamgefühls, so hätten die ebengenannten Völker sie sicher abgelegt, nachdem sie die Mittel zu einer vollständigeren Verhüllung des Körpers erlangt hatten.

[5]) Tätowierung zur Kennzeichnung des freien und edlen Standes: auf den Gesellschaftsinseln, den Paumotu, Markesas, Karolinen, Gilbert- und Marschallinseln.

glied in der Vorzeit das Zeichen freier Geburt, so ist es wahrscheinlich, daß zur Zeit, als die Sitte der Beschneidung entstand, die Sitte der Bedeckung des Schamgliedes noch nicht bestanden hat und daß die Männer noch nach dem Entstehen der Beschneidungssitte ihre Geschlechtsteile ohne Scheu zur Schau stellten.

Und auch beim Weibe der Vorzeit war es keineswegs die Scham, was ihm das Kleid aufnötigte. Für das wilde Weib, das von dem Manne zu sklavischer Unterordnung erniedrigt, zu härtester Arbeit gezwungen und gleich dem Vieh geraubt und verschachert wurde, war doch gerade seine Geschlechtlichkeit das einzige, wodurch es sich dem Manne wertvoll zeigen konnte, wodurch es ihn sogar von sich abhängig machen konnte; und da sollte es den Trieb gezeigt haben, das Organ dieser Geschlechtlichkeit zu verbergen? Muß es nicht vielmehr den Wunsch gehabt haben, das Organ, das dem Manne das Wertvollste an ihrem Körper war, erkennbarer zu machen, als es die Natur erkennbar gemacht hatte? Das wilde Weib der Vorzeit muß so empfunden haben, wie jetzt noch die Weiber gewisser Negerstämme, die sich beharrlich weigern, die ihnen von den christlichen Missionaren gebotene Kleidung anzulegen, wie die Weiber der Fan, der Borroro und anderer Stämme, die die Geschlechtsteile mit tönenden Schellen, mit Metallstückchen, bunten Schnüren, Glasperlen u. dgl. behängen, um die Aufmerksamkeit der Männer darauf zu lenken. Und so groß beim Weibe der späteren Zeit auch die Sucht war, die männliche Mode der Verhüllung des Körpers nachzuahmen, so groß war aber auch wieder der Wunsch, seine Reize offen zur Schau zu tragen. Daher verfiel das Weib stets von einem Extrem ins andere, und es mußte stets durch besondere Kleiderverordnungen dafür gesorgt werden, daß es nicht zu sehr bekleidet oder zu wenig bekleidet ging. Noch zur Zeit der Kirchenväter erschienen die Frauen im Theater, in den Bädern, bei Festen und anderen Gelegenheiten nackt, und die Kirche kämpfte jahrhundertelang gegen das Zurschautragen weiblicher Nacktheit[6]). Aber erst im 16. Jahrhundert kam das Hemde auf und erst im 18. Jahrhundert die übrige weibliche Unterkleidung, ohne die eine gründliche Verhüllung des Körpers nicht möglich ist. Und noch heute ist die weibliche Bekleidung bei den Kulturvölkern einem schnellen Wechsel der Mode unterworfen, weil das Weib Hals und Busen, Hüfte und Waden bald verhüllen und bald zur Schau stellen will und dabei von einem Extrem ins andere verfällt.

Schädelabplattung ist unter den Indianern Nordamerikas weit verbreitet gewesen, war dort aber den Sklaven verboten. Auch in Israel war die Beschneidung ein Zeichen freien Standes und Fremden und Sklaven verboten. Und es ist bezeichnend, daß die Beschneidung während der 40jährigen Wüstenwanderung unterblieb und erst wieder beim Eintritt in Kanaan vollzogen wurde; denn erst mit dem Eintritt in Kanaan entstand die Gefahr der Vermischung und Verwechslung der Israeliten mit Andersrassigen. (2. Mose 12, 44. Josua 5, 2 ff.)

[6]) Procop erzählt im 6. Jahrhundert n. Chr., die Kaiserin Theodora sei in jungen Jahren öfters fast nackt im Theater erschienen und wäre gern völlig nackt gegangen, wenn es nicht dem Weibe verboten gewesen wäre, sich bloß zu zeigen, wenn sie nicht wenigstens kurze Hosen über dem tiefsten Teil des Unterleibes trage. Chrysostomus (4. Jahrhundert) erwähnt, daß Arcadius versucht habe, das Augustfest (Majuma) abzuschaffen, bei welchem die Frauen nackt im Theater erschienen oder in großen Bädern schwammen. (Nach Ellis.)

Der erotische Kult

Einen großen Anteil an der Entwicklung des Schamgefühls hat, wie ich auf Grund der biblischen Berichte annehmen muß, das Volk Israel gehabt. Die Israeliten gelten heute als sinnlich leicht erregbar, als zu geschlechtlichen Ausschweifungen neigend. Die Geschlechtsreife scheint bei den europäischen Juden früher einzutreten als bei ihrer andersgläubigen Umgebung. In der Vorzeit war das Volk Israel des geschlechtlichen Schamgefühls natürlich ebenso bar, wie die anderen damals lebenden Völker. Selbst zur Zeit, als die biblischen Bücher kanonisch wurden, und das geschah in der Zeit zwischen dem babylonischen Exil und der Zerstörung des zweiten Tempels, also zur Zeit einer nicht zu unterschätzenden Hochkultur Vorderasiens, war das Schamgefühl in Israel noch keineswegs so hoch, wie es bei den Kulturvölkern der Gegenwart ist. Wir erstaunen, wenn in der Bibel mit Offenheit über allerhand heikle Dinge, wie den Beischlaf Lots bei seinen Töchtern, Judas bei seiner Schwiegertochter u. dgl. mehr, berichtet wird. Wie gering das Schamgefühl in der Urzeit Israels gewesen sein muß, geht daraus hervor, daß Isaak den Beischlaf an Rebekka so öffentlich vollzieht, daß der König Abimelech von Gerar ihn vom Fenster seines Palastes aus dabei beobachten kann. Auch Ismael muß den Beischlaf öffentlich vollzogen haben (1. Mose 26, 8; 21, 9). Absalom beschläft die Weiber seines Vaters auf dem Dache seines Palastes vor den Augen von ganz Israel. Zur Zeit der Propheten wird Unzucht geübt auf jedem Hügel und unter jedem grünen Baume. Dennoch will ich nachweisen, daß das Volk Israel einen hervorragenden Anteil an der Entwicklung des geschlechtlichen Schamgefühls genommen hat.

2. Sam. Kap. 6, V. 1 ff. lesen wir: „Und David versammelte wieder alle Wehrfähigen in Israel, dreißigtausend. David und das ganze Volk, das bei ihm war, zogen aus von Baaleh-Juda, um von dort hinaufzubringen die Lade Gottes . . . . . David und das ganze Haus Israel spielten vor dem Ewigen auf allerlei Zypressenhölzern, auf Zithern und Psaltern und Pauken und mit Schellen und Zimbeln . . . . . Als die Lade des Herrn zur Davidstadt (Jerusalem) kam, da schaute Michal, die Tochter Sauls, zum Fenster hinaus; und als sie den König David hüpfen und tanzen sah, verachtete sie ihn in ihrem Herzen.“ Derselbe Bericht findet sich in größerer Ausführlichkeit in 1. Chron. 13, 6 ff.

Der König und die Königin erscheinen uns hier als ein Paar aufgeregter Leute, er, weil er vor Freude hüpft und tanzt; sie, weil sie über die ungebundene Fröhlichkeit ihres Gatten verstimmt ist. Wir erfahren aus 2. Sam. 16, 20 ff. Genaueres über die Beweggründe beider. Dort heißt es: „Michal, die Tochter Sauls, ging David entgegen und sprach: „Wie doch hat sich der König von Israel heute Ehre verschafft, als er sich heute vor den Augen der Mägde seiner Untertanen entblößte, wie sich nur einer der Niedersten entblößen kann!“ Betrachten wir die Äußerungen Michals mit dem Spürsinn eines modernen Detektivs, so müssen wir vermuten, daß die Sprünge Davids keine gewöhnlichen Freudensprünge, sondern Seitensprünge solcher Art waren, in denen Michal eine Verletzung ihrer eigenen

Ehre sehen konnte. (Wir wissen ja, daß König David auf geschlechtlichem Gebiete zu Extravaganzen neigte.) Denn warum sagt die Schrift ausdrücklich „vor den Augen der Mägde seiner Untertanen“ (womit die Weiber der Untertanen gemeint sind)? Warum ist denn der Tanz vor den Augen der Männer nicht entwürdigend? Und das Wort „entblößen“ (נִגְלָה), das die Schrift braucht, ist auch sehr zweideutig. Vers 21 heißt es weiter: „Und David sprach zu Michal: „Vor dem Ewigen, der mich deinem Vater und seinem ganzen Hause vorgezogen hat und mich zum Fürsten über das Volk des Ewigen, über Israel, bestellt hat, vor dem Ewigen habe ich getanzt. Und ich mag mich noch kleiner machen als durch dieses und will niedrig gelten in meinen eigenen Augen; aber bei den Mägden, von denen du gesprochen hast, bei ihnen will ich geehrt sein.“ Auch die Antwort Davids zeigt, daß sein Tanz ihn in eine bestimmte Beziehung zu den weiblichen Zuschauern gebracht hat.

Was für ein Tanz kann das gewesen sein, der dem König David den Beifall seiner weiblichen Untertanen und das Mißfallen seiner eigenen Gemahlin eingebracht hat? Daß in ihm eine Entblößung stattgefunden hat, darauf deutet schon das Wort niglah (נִגְלָה), darauf deutet auch die Angabe, daß David bekleidet war mit einem leinenen Ephod, mit einem Gewande, das er sonst nicht trug (Schamschurz?), und daß der Chronist die ganze Auseinandersetzung zwischen dem König und der Königin — wohl weil sie ihm im höchsten Maße anstößig erschien — verschweigt, obwohl er sonst alles mit liebevoller Breite ausmalt. Ich würde aber dennoch starke Bedenken hegen, den Tanz Davids als Sexualtanz zu bezeichnen, wenn nicht andere zwingendere Gründe dies forderten.

Das Tanzen wird in beiden Bibelstellen mit einem Verbum der Wurzel żchk (שָׂחק) bezeichnet. Dieses Verbum hat außer der Bedeutung „tanzen“, die es an nicht vielen Bibelstellen hat, auch noch die Bedeutung „Geschlechtsverkehr treiben“ und die Bedeutung „lachen“; in diesen letzteren Bedeutungen ist es häufiger zu finden [7]). Es ist kein Zufall, daß dieses Verbum nebeneinander diese drei Bedeutungen hat; denn, wie ich in einer früheren Arbeit [8]) nachgewiesen habe, ist der Tanz zurückzuführen auf die Liebesspiele, wie wir sie bei zahlreichen Tieren beobachten können, und auch das Lachen ist ein eigentümlich fortgebildeter Brunstreflex. Bedeutete das Verbum żchk ursprünglich „Geschlechtsverkehr treiben“ (und daran kann kein Zweifel sein) und hat sich die Bedeutung „tanzen“ aus der vorgenannten entwickelt, so muß der Tanz in Israel zu einer gewissen Zeit sexuelle Färbung gehabt haben. Wir erfahren aus dem Hohenliede von Reigentänzen der Jungfrauen zu Mahanaim, die sexuellen Charakter hatten. Auch die Tänze, die die Jungfrauen am Heiligtum von Schilo tanzten, werden der Erotik nicht entbehrt haben. Und von dem Tanz, den Israel um das goldene Kalb tanzte,

---

7) In der Bedeutung Geschlechtsverkehr treiben: 1. Mose 21, 9; 26, 8; 39, 14. 17; 2. Mose 32, 6; Hiob 40, 20, in der Bedeutung lachen, sich vergnügen, spotten: 1. Mose 18, 12. 13; Sprüche 10, 23; Pred. 10, 19 u. a.

8) A. Gerson, Brunstreflexe und Geschlechtsinstinkte. (Zeitschr. f. Sexualw. 3. Bd. 10.—12. Heft 1917.)

heißt es ausdrücklich: „. . . Das Volk setzte sich, um zu essen und zu trinken, und sie standen auf, um zu żchk.“

Wir wissen, daß zahlreiche wilde und halbwilde Völker an ihren religiösen Festen Tänze aufführen, die einen — für unser Empfinden — indezenten Charakter tragen. Bald sind es Priester, Zauberer, Medizinmänner, Häuptlinge, die den Tanz im Ringe der versammelten Männer und Weiber produzieren, bald sind es tanzende Priesterinnen und Tempelweiber, bald tanzt die feiernde Männer- oder Frauenschar selber. An die Tänze schließen sich dann oft wilde Orgien. Nach Ratzel (Völkerkunde II, S. 19) gehört Tanzen bei den Negern zu den Repräsentationspflichten der Häuptlinge. Bei den Betschuanen tanzen die Jünglinge zum Feste der Mannbarkeit, bei anderen Negerstämmen wird die eintretende Pubertät der Jungfrauen mit Nackttänzen gefeiert. Auf Tahiti sah man Nackttänze der Männer und Frauen bei Hochzeiten und Beerdigungen. Der Korroborrytanz der Australier artet auch vielfach in Orgien aus. Es ist kaum ein Volk des Altertums, das seine Feste nicht zu geschlechtlichen Ausschweifungen benutzt hätte; die Mysterien und Bacchanalien der Griechen und Römer, die Feste der Astarte und Hathor sind berüchtigt wegen der an ihnen vorgekommenen und durch den Kult begünstigten Ausschweifungen. Aber auch bei den Festen mittelalterlicher Völker wurde in den Schatten der Kirchen manche Ausschweifung geduldet; und was im Sonnentempel der Inkas vorging, soll an Wildheit den Festen der Astarte nicht nachgestanden haben. Da der Dienst der Astarte in Israel Eingang gefunden hat, so waren den Israeliten Feste mit Sexualtänzen, mit Umzügen, wie sie an anderen Orten besonders auch der Phalluskult zeitigte, sicher nicht fremd. Dann ist es auch nicht unmöglich, daß Sexualtänze in den Kult des nationalen Gottes Eingang gefunden haben und daß der Tanz Davids bei der Übersiedlung der Bundeslade ein Sexualtanz, ein kultischer Nackttanz war.

Ist der Tanz des Königs David ein erotisch aufreizender Nackttanz gewesen, an den sich möglicherweise öffentliche geschlechtliche Vermischungen, wie sie anderwärts üblich waren, angeschlossen haben, so ist die Verstimmung der Königin Michal erklärlich. Die Weiber fürstlichen Geblüts haben überall unter den Völkern und auch dort, wo die Stellung der Frau eine niedrige war, wie in dem Orient, ihren Männern gegenüber Herrenrechte geltend gemacht. Als Tochter eines Königs glaubte sie ein ausschließliches Recht an ihrem Gemahl geltend machen zu können, und daß David dieses Recht nicht gelten ließ, das war ihre Qual. Wir verstehen nun auch die Sorgfalt, mit der die biblischen Berichte, insbesondere der des Chronisten, um den Kern der Sache herumgehen. Es ist aber auch möglich, daß der Chronist für den wirklichen Vorgang schon gar kein Verständnis mehr hatte und ihn aus diesem Grunde entstellt hat.

Warum aber erscheint uns die Annahme, daß der Kulttanz Davids vor der Bundeslade ein erotischer Nackttanz war, so entwürdigend für den König und sein Volk und so entwürdigend für den, der diese Annahme fordert? Nur deswegen, weil uns das Verständnis abgeht für die Erfordernisse jener Zeit und die seelische Verfassung der in ihr Lebenden. Wenn wir lesen, daß zu jener Zeit die Menschen ihre Kinder dem Moloch opferten, daß sie in den Vorhöfen der Tempel um den Phallus tanzten und daß sie sich die Gottheit unter dem Bilde eines Kalbes vorstellten, so glaubt man sie für geistig nicht normal halten zu müssen, in jener Weise, wie jemand die Menschheit des Mittelalters als vom Wahnsinn ergriffen bezeichnet hat. Und doch waren die Menschen auch zu jener Zeit geistig so normal wie heute. Sie dachten folgerichtig; nur hatte ihr Denken falsche Voraussetzungen.

Sie hatten u. a. keine Ahnung davon, daß zur Konzeption die Kohabitation gehört, daß es zur Geburt eines Kindes nur dann kommen kann, wenn der Mann seinem Weibe beiwohnt[9]).

Da die äußerlich sichtbaren Zeichen der Schwangerschaft erst im 4. oder 5. Monat nach der Beiwohnung sich bemerkbar machen, so hätten sie keine Ahnung von dem Zusammenhang zwischen Beischlaf und Zeugung und glaubten, daß das Kind erst dann in den Leib der Mutter käme, wenn sich die Zeichen der Schwangerschaft bemerkbar machen. Es gibt heute noch wilde Völker, die den Beischlaf in völliger Unkenntnis seiner Folgen ausführen. Bei den Indianern im nordwestlichen Amerika glaubt man, daß die Schwängerung durch die als Totems verehrten Tiere erfolgt. Ähnliches glauben die Bakalai am Kongo. Bei den Banksinsulanern und anderen melanesischen Stämmen bringt man die Schwängerung mit dem Essen von gewissen Früchten in Beziehung. Unkenntnis der Zeugung besteht auch bei einzelnen Stämmen im zentralen Borneo und in Australien, insbesondere bei solchen Stämmen, die die Gruppenehe haben. Bei den Stämmen mit Gruppenehe, bei denen jedes Weib von allen Männern eines Männerbundes beschlafen werden darf und bei denen die Mädchen sofort nach dem Mannbarwerden auch schon zum Beischlaf gelangen, kann die Wahrnehmung, daß bei Fernhaltung des Weibes vom Beischlaf keine Schwängerung eintritt, auch gar nicht gemacht werden. Diese Wahrnehmung kann nur bei einem Volke gemacht werden, wo das Weib ausschließlicher Besitz des einzelnen Mannes ist, und wo der Mann durch Unterlassen des Beischlafs innerhalb einer bestimmten Frist feststellen kann, daß die Schwängerung vom Beischlaf abhängt. So lange also in der Urzeit die Geschlechtssitte den außerehelichen Beischlaf des Weibes zuließ, konnte die Feststellung, daß die Schwängerung vom Beischlaf abhängt, gar nicht gemacht werden.

Es werden daher die Völker des Altertums die Kenntnis des Zusammenhangs zwischen Beischlaf und Schwängerung nicht von vornherein besessen haben. Vielleicht ist der in den Sagen fast aller alten Völker vorkommende Glaube, es sei der und jener Held die Frucht einer Verbindung zwischen einem sterblichen Weibe und einer Gottheit, in einer Zeit erwachsen, wo man das Unmögliche einer solchen Annahme noch nicht erkannte; vielleicht beruht die Lehre der Inder von der Seelenwanderung auf der Annahme, es könnte das Weib durch das Essen einer Frucht oder des Fleisches eines Tieres geschwängert werden; vielleicht auch hat die ganze Tier- und Pflanzenvergötterung der Alten keinen andern Grund als die Annahme, die Seele der menschlichen Leibesfrucht entstamme einem Tier oder einer Pflanze und sie sei auf irgendeine Weise in den Leib der Schwangeren gelangt.

Die Dajaken (Borneo) legen der Pflanze eine Seele bei wie dem Menschen. Verfault der Reis, so ist seine Seele weg. Er kann der Leiche gestreut, dieser ins Jenseits folgen, dort wieder körperlich werden und zur Nahrung dienen. Auf der Beseelung lebloser Gegenstände beruht der Fetischismus. Eine Spezialität afrikanischer Zauberer ist die Herauszauberung der Seele eines Menschen und Übertragung auf ein Tier. Herero, Kaffern, Westafrikaner, Polynesier und südamerikanische Stämme glauben an ein Hervorgehen des Menschen aus den Früchten der Bäume und anderer Pflanzen (der Baum des Paradieses!), andere an das Hervorgehen der Leibesfrucht aus genossener tierischer Kost. Daraus resultieren bei ihnen zahlreiche Speisegesetze. Bei den Port-Lincolnstämmen Australiens sind männliche erwachsene Tiere von Männern, weibliche erwachsene von Weibern, junge von den jungen Leuten zu essen. Der Wallaby und die zwei Arten Bandikut dürfen nie von Weibern ge-

[9]) Vgl. bezüglich der folgenden Ausführungen Max Marcuse: Wandlungen des Fortpflanzungs-Gedankens und -Willens. — Heft 1 dieser „Abhandlungen“.

gessen werden, da sie die Menstruation nachteilig beeinflussen; Eidechsen fördern die Reife der Mädchen und Schlangen die Fruchtbarkeit der Weiber; Tauben sind nur den Schwangeren erlaubt. Die Malayen essen keinen Bujuwu, sonst krächzt das Kind gleich diesem Vogel. Sie fassen keinen Affen an, sonst bekommt es Augen und Stirn wie ein Affe. Sie essen nichts von dem zu einer Beerdigung geschlachteten Schweine, sonst bekommt es Krätze. Sie essen keinen Era-Holzkäfer, sonst wird es brustleidend. Sie fassen keinen Baiwafisch an, sie schlagen keine Schlange, sonst wird es magenkrank, usw. Auf dem Glauben, daß die Seelen der Menschen aus Pflanzen- und Tierseelen hervorgehen, und daß die Seele des Menschen bei seinem Tode wieder in eine Pflanze oder ein Tier übergeht, beruht die Vergötterung von Pflanzen und Tieren bei den Naturvölkern und bei den Völkern des Altertums. Einzelne wilde Völker fressen ihre Toten oder erschlagene Feinde, weil sie glauben, daß deren Seelen dann in sie übergehen. Weil die Seelen von den Göttern kommen und zu ihnen zurückkehren, haben zahlreiche Völker des Altertums ihren Göttern Tier- und Menschenopfer dargebracht. So erklärt sich vieles von dem, was uns an den Menschen des Altertums und an den wilden Völkern so rätselhaft erscheint, aus ihrer Unkenntnis vom Wesen des Beischlafes, aus ihrer Unkenntnis des Zusammenhangs zwischen Beischlaf und Schwängerung.

So lange dem Mann sein Anteil an der Zeugung unbekannt war, machte er auch keinen Anspruch auf seine Kinder und den ausschließlichen Besitz von Weibern. Die Kinder werden daher in der Vorzeit aller Völker und noch bei manchen Naturvölkern der Gegenwart nach der Mutter und nicht nach dem Vater genannt. Die Mutter ist bei ihnen das Oberhaupt der Familie, und wo Vater und Mutter verschiedenen Stammes sind (exoganische Ehe), rechnen die Kinder zum Stamme der Mutter und nicht zu dem des Vaters (Mutterrecht).

Als den alten Völkern die Erkenntnis von dem Zusammenhang zwischen Beischlaf und Schwängerung aufging, bewirkte dies eine wahre Revolution der Geister. Der Mann machte Anspruch auf den ausschließlichen Besitz des Weibes, das ihm Kinder gebären sollte oder das seinen Samen empfangen hatte. Er betrachtete die Kinder, die aus seinem Samen hervorgegangen waren, als sein Eigentum. Um seinen Anteil am Kinde zu bekräftigen, legte er sich sogar ins Wochenbett seines Weibes (Couvade, bei den Indianern, den Dschagga am Kongo, den Basken Spaniens und an anderen Orten noch geübt) und unterwarf sich den für die Weiber geltenden Speisegesetzen. Die Kinder traten nun hinüber in den Stamm des Vaters und erbten von dessen Anteil und Habe (Vaterrecht). Der Glaube an das Beseeltsein von Pflanze und Tier, die Vergötterung von Pflanzen und Tieren, die Tier- und Menschenopfer, der Menschenfraß und alles, was mit dem alten Seelenglauben zusammenhing, hörte auf. Es entstand eine neue Menschheit. Der ungekannte Sexualforscher der Vorzeit, der der Menschheit die Erkenntnis vom Wesen des Beischlafes brachte, war ein größeres Genie und hat die Menschheit mehr gefördert, als irgendeiner der großen Geister des Altertums, dessen Name in der Geschichte strahlt.

Den alten Hebräern muß der Zusammenhang zwischen Beischlaf und Zeugung nicht lange verborgen geblieben sein; denn aus Gen. 38, 9 geht hervor, daß sie den Coitus interruptus zur Verhütung der Empfängnis anwandten, und Bibelstellen wie: „er beschlief sein Weib, und sie ward schwanger und gebar einen Sohn usw." beweisen dies zur Genüge. Aber gerade die umständliche Art, in der die Geburt eines Kindes angezeigt wird: „er beschlief sein Weib" usw. — zeigt, daß man in jener Zeit noch nicht bei allen Lesern die Kenntnis des Vorgangs voraussetzen konnte. Aus der sehr häufigen Redensart: „er erkannte sein Weib, und sie ward schwanger" scheint hervorzugehen, daß man zu einer gewissen Zeit den Beischlaf für entbehrlich gehalten und eine Befruchtung durch den bloßen Anblick angenommen hat. Man scheint, wie zahlreiche Bibelstellen andeuten, das Mitwirken der Gottheit bei der Zeugung für unerläßlicher als den Beischlaf gehalten zu haben.

Nun stelle man sich einmal vor, welche Folgen es haben würde, wenn uns die Wissenschaft, daß die Konzeption von der Kohabitation herrührt, plötzlich verloren gehen würde. Die Menschen, die beim ehelichen und außerehelichen Beischlaf Mittel anwenden, um den Kindersegen zu verhüten, würden dies weiterhin nicht tun; die Menschen, die den Beischlaf um seiner unerwünschten Folgen willen meiden, würden dies weiterhin nicht tun. Und eine Beeinflussung der Jugend in der Richtung, daß sie den Geschlechtsverkehr zu meiden habe, würde unterbleiben. Man darf wohl annehmen, daß sich dann die Geburtenanzahl bei einzelnen Kulturvölkern verdoppeln, bei anderen vervielfachen würde. Im Laufe weniger Jahre würde sich dann die Unmöglichkeit zeigen, den Menschenzuwachs großzuziehen, und die Kulturvölker wären dann genötigt, den Überfluß an Kindern auf dieselbe Weise zu beseitigen, wie es bei zahlreichen wilden Völkern noch geschieht, durch Abtreibung der Leibesfrucht und Kindesmord. Die weite Verbreitung des Kindesmordes bei den wilden Völkern, insbesondere bei den in ihrem Nahrungsspielraum stark eingeengten Bewohnern der Südsee, beruht nicht auf angeborener Hartherzigkeit und Mangel an Elternliebe, sondern auf der Unkenntnis des Zusammenhanges zwischen Kohabitation und Konzeption und auf der daraus hervorgehenden Unfähigkeit, die Konzeption zu verhindern. Wir verstehen nun auch die weite Verbreitung des Kindesmordes bei sonst hochstehenden Völkern des Altertums und die Sanktion, die der Kindermord sogar durch den Kult erhielt, im Molochdienst und in ähnlichen Riten. Und die Geschichte von Isaaks Opferung zeigt, daß auch im Dienste Jehovas der Kindesmord einst als wohlgefällig galt.

Die Geschichte des Altertums zeigt uns ein Hin- und Herfluten von Völkern, wie wir es in der Gegenwart nicht erleben. In irgend einem Erdenwinkel löst sich ein Volksstamm los, durchzieht in jahrelanger Wanderung einen Erdteil nach dem andern, wirft alle Völker zu Boden, versprengt und vernichtet sie und herrscht in überraschend kurzer Zeit von Ozean zu Ozean; aber in wenigen Jahrzehnten hat er so völlig abgewirtschaftet, daß oft ein Haufe von Abenteurern seine Herrschaft stürzen und seinen Namen von der Erde vertilgen kann. Die Völker des Altertums verstanden wohl weite Länder zu erobern; aber sie verstanden es nicht, diese mit Menschen zu füllen; sie verstanden es nicht, Bevölkerungspolitik derart zu treiben, daß ihre Rasse auf dem eroberten Lande erhalten blieb. Naturgemäß konnte dies auch nicht geschehen, so lange man den Zusammenhang zwischen Kohabitation und Konzeption nicht kannte und kein Mittel wußte, das zur Erhöhung der natürlichen Fruchtbarkeit des Volkes angewandt werden konnte. Man kann sich nun sehr wohl vorstellen, wie die plötzlich aufdämmernde Erkenntnis vom Wesen der Konzeption bei den Völkern des Altertums, bei denen sie sich ausbreitete, revolutionierend gewirkt hat. Die Völker, die ihre Herrschaft mit den Waffen in der Hand weit hinausgetragen hatten, suchten nun mit allen Mitteln die besiegten Völker auch dadurch zu verdrängen, daß sie in stärkerem Maße Menschen produzierten, als diese es vermochten; und Völker, die im Kampfe mit anderen schwer um Dasein und Freiheit rangen, suchten sich Dasein und Freiheit zu erhalten, indem sie in stärkerem Maße Menschen produzierten als ihre Bedränger. Man wußte ja jetzt, daß man die Produktion von Menschen steigern und hemmen konnte allein durch Einwirkung auf den Geschlechtsverkehr, und man nutzte diese Erkenntnis in allen Völkern weidlich aus. Die Könige und Edlen vermehrten ihre Kebsweiber nicht allein um der von ihnen geleisteten wirtschaftlichen Arbeit willen, sondern um mit ihnen Söhne zu zeugen. Die Priester nahmen den Beischlaf in den Kult auf, und es wurde Pflicht jedes Weibes, sich an den Festen der Götter einem Manne hinzugeben. Alles, was zum Geschlechtsverkehr anreizen und die Fruchtbarkeit der Weiber vermehren konnte, ward zur religiösen Zeremonie; auf den Altären ward der Phallus aufgepflanzt, und Priester und Priesterinnen tanzten entkleidet die Rhythmen des Koitus.

Das ist der Tanz Dâvids vor der Bundeslade: Der König, dessen Aufgabe es ist, sein Volk zur Herrschaft zu führen von Dan bis Bersaba und vom Mittelländischen Meere bis zum Euphrat, erkennt, daß diese Herrschaft beruht auf der Produktion von Menschen und Waffen. Was letztere anbetrifft, so wissen wir, daß David in Israel Pfeil und Bogen, Festungsbau, ausländische Söldner und wahrscheinlich auch die ersten Eisenwaffen an Stelle der bis dahin gebräuchlichen bronzenen eingeführt hat; und zwar mag er während seines Exils im Philisterlande, das sich damals einer höheren, wohl aus Ägypten herübergekommenen Kultur erfreute, von diesen militärischen Dingen Kenntnis gewonnen haben. Was erstere, die Produktion von Menschen, anbetrifft, so mag er ebenfalls während seines Exils in Philistäa den Nackttanz als Kultform und bevölkerungspolitisches Stimulans kennengelernt haben; und er wird ihn in Israel eingeführt haben, um die Vermehrung seines Volkes zu heben. Daß zu seiner Zeit erotische Kulte in Ägypten und in ganz Vorderasien geübt wurden, wissen wir mit Sicherheit; und aus der Tatsache, daß schon zur Zeit Josuas und der Richter fremde Kulte in Israel Eingang fanden, und daß die Bibel das Vorkommen geschlechtlicher Unzucht bei Kultstätten aus der Zeit nach Salomo selber bezeugt, kann geschlossen werden, daß der kultische Nackttanz von außerhalb in Israel eingedrungen ist. Ich möchte nicht annehmen, daß er vor der Zeit Davids Eingang gefunden hat. Denn hätte er sich zuvor schon im Volke eingebürgert gehabt, dann hätte Michal, die Königin, an der Handlungsweise des Königs vielleicht weniger Anstoß genommen, als es der Fall war.

Was uns heute als Gipfel der Schamlosigkeit erscheint, Gott zu dienen mit der Wollust des Fleisches, das war in jener Zeit des Altertums, von der ich oben sprach, keineswegs eine Schamlosigkeit in unserem Sinne. Der Geschlechtsakt galt den Menschen noch als eine allgemein erlaubte Betätigung eines natürlichen Triebes, und die Geschlechtsteile als ein diesem Triebe dienendes Organ, dessen Verhüllung zwar von der Sitte geboten, dessen Enthüllung aber auch noch nicht als geradezu unsittlich empfunden wurde. Das geschlechtliche Schamgefühl in unserem Sinne war den Menschen jener Zeit noch fremd. Ich will, um jeden Zweifel daran auszuschließen, die Berechtigung der erotischen Kulte in jener Phase des Altertums noch eingehender dartun.

Bei den höheren Tieren ist fast durchweg das Weibchen im Geschlechtsakt passiv. Es hat scheinbar kein Verlangen nach der Begattung, duldet diese nur oder kämpft sogar gegen die Begattung an. Bei vielen Tierarten sind Begattungskämpfe die Regel, die nicht selten damit enden, daß das Männchen vom Weibchen getötet wird.

Das Weibchen ist bei den niederen Tieren, und vielleicht auch bei den höheren, des Geschlechtsgefühls bar; ihm bietet der Geschlechtsakt nicht Wollust, sondern Schmerz, und darum flieht es ihn, und darum kämpft es gegen das andringende Männchen. Erst beim menschlichen Urweibe erhielt das Geschlechtsgefühl eine lustvolle Komponente, und erst im Laufe langer Zeiträume erwarb das menschliche Weib Wollust und Aktivität [10]). Noch heute gibt es zahlreiche Frauen, die geschlechtlich kalt sind, den Geschlechtsverkehr verpönen und dem Manne gegenüber die alte Kampfnatur des Tierweibes hervorkehren. So lange nun im Altertum die Sitte dem Manne gestattete, jedes Weib, das ihm in den Weg lief, geschlechtlich zu gebrauchen, und aus der Nachbarschaft seines Stammes Weiber für den geschlechtlichen Zweck zu rauben, war die geschlechtliche Kälte des Weibes für die Erhaltung der menschlichen Art bedeutungslos. Der Trieb des Mannes verbürgte die Erhaltung der Art so gut, daß das Weib gar keines zur Fortpflanzung drängenden Begattungstriebes bedurfte. Anders wurde es nun aber, als sich innerhalb der menschlichen Gemeinschaften Besitzrechte an den Weibern und bestimmte Formen der Ehelichung herausgebildet hatten, als es dem Manne nicht mehr gestattet war, irgendein Weib zum Beischlaf zu zwingen oder sich ein Weib aus der Fremde zu rauben. Von der Zeit ab, wo das Weib um seine Einwilligung zum Beischlaf gefragt, umworben und umschmeichelt werden mußte, war die angeborene geschlechtliche Kälte des Weibes eine Gefahr für den Fortbestand und die Ausbreitung der menschlichen Arten. Es muß eine Zeit gegeben haben, wo geschlechtlich kalte Frauen sich in Weiberbünde zusammentaten, des Verkehrs mit Männern und des Familienlebens gänzlich entsagten, als Jäger und Krieger umherstreiften und als solche ihren Lebensunterhalt erwarben, und mit den Waffen in der Hand jede Annäherung von Männern abwiesen. Wir haben in zahlreichen wilden Völkern noch Reste solcher Weiberbünde und Andeutungen einer früheren kriegerischen Natur des Weibes [11]). Recht gefahrdrohend muß die angeborene geschlechtliche Kälte der Weiber für die Erhaltung der menschlichen Arten erst dann geworden sein, als ihnen der Zusammenhang zwischen Koha-

---

[10]) Havelock Ellis ist im Irrtum, wenn er der Hündin, die sich bei der Annäherung des Männchens auf Vorder- und Hinterbeine niedersetzt und die Begattung abwehrt, ein Schamgefühl zuspricht. Dann müßte bei all den zahllosen Tierarten von den Insekten an aufwärts, bei denen das Weibchen die Begattung abwehrt, das Schamgefühl vorhanden sein, dann müßten all die lieben Ehefrauen, die sich willig fügen, des Schamgefühls ermangeln, und dann müßten, da die Begattungskämpfe zwischen Männchen und Weibchen in aufsteigender Tierreihe sichtbarlich milder werden und beim Menschen endlich ganz und gar verblassen, Insekten und Fische ein stärkeres Schamgefühl besitzen als die höheren Tiere und der Mensch. Bei den Tieren ist das, was die Weibchen veranlaßt, der Begattung Widerstand zu leisten, nicht Scham, sondern der auf Kampf gerichtete Geschlechtsinstinkt. (S. Gerson, Brunstreflexe und Geschlechtsinstinkte. Zeitschr. f. Sexualw. 3. Bd. 1917. Heft 10—12.)

[11]) Weibliche Truppen in Dahomey, weibliche Leibgarde des Königs von Siam. Griechische Sage von den Amazonen. Teilnahme der Weiber an den Kämpfen bei zahlreichen wilden Völkern; auch bei den alten Germanen. Die kämpfende, männerfeindliche Brunhilde des Nibelungenliedes u. a.

bitation und Konzeption bekannt wurde. Bis dahin hatte das Weib die Last der Kinderzeugung und Kindererziehung ohne Widerstreben getragen, weil es die Möglichkeit, dem Kindersegen vorbeugend auszuweichen, gar nicht gekannt hatte. Nun aber, wo ihm bekannt wurde, daß Enthaltung vom Beischlaf auch von der Last des Kinderzeugens und Erziehens befreite, mag die Ehescheu des Weibes erst recht groß geworden sein. Es mag manches Weib lieber in den Tod gegangen sein, als in das ihr verhaßte Ehejoch; es sollen solche Fälle, daß Mädchen sich ihrer Verheiratung durch Selbstmord entziehen, noch heute bei wilden und halbwilden Völkern vorkommen. Es mag auch manche Ehefrau Mittel und Wege gefunden haben, dem Manne die eheliche Pflicht zu weigern und die Konzeption im letzten Augenblick zu verhüten. Kurz und gut, die Zeit sich festigender Besitzrechte am Weibe war bei den Völkern des Altertums insofern eine kritische Zeit, als, da der Begattungstrieb des Mannes durch Recht und Sitte eingeschränkt, der des Weibes aber noch nicht voll entwickelt war, ihre natürliche Vermehrung vielfach gehemmt und unterbunden war. Der erotische Kult bedeutete damals für viele Völker das, was heute die kirchliche Weihe der Ehe bedeutet, er war vielleicht der einzige mögliche Weg, auf dem das dem Ehejoch abgeneigte Weib zur Betätigung des Geschlechtstriebes angehalten werden und der weiblose Mann zur Betätigung des Geschlechtstriebes gelangen konnte. Die erotischen Kulte waren zu ihrer Zeit wohl sicher eine gebotene Notwendigkeit, und sie wurden wohl erst dann entbehrlich, als das Weib ein vervollkommnetes Geschlechtsgefühl und den Willen zur Ehe erlangt hatte [12]).

Die Entstehung der Ehe

Im 8. Gesange der Odyssee läßt Homer den Demodokos singen, wie Hephästos den Ares bei seiner Gemahlin, der reizenden Aphrodite, ertappte, wie er beide im Augenblicke des Ehebruchs in dem von ihm kunstvoll geschmiedeten Netze fing, und wie er dann mit rasendem Eifer die anderen Götter herbeirief, damit sie sich von der Untat des ehebrecherischen Paares überzeugen sollten.

„Also rief er; da eilten zum ehernen Hause die Götter:
Poseidon kam da, der Erdumgürter, es kamen
Hermes, der Bringer des Heils, und der Fernschütz Phöbes Apollon;
Aber die Göttinnen blieben aus Scham in ihren Gemächern.
Vorn an der Tür nun standen die himmlischen Spender des Guten:
Unauslöschliches Lachen erscholl da den seligen Göttern,
Wie sie das Kunststück sahn des erfindungsreichen Hephästos."

[12]) Bei den alten Griechen traten die erotischen Kulte zuerst auf den Inseln des Ägäischen Meeres auf, und sie fanden von dorther auf dem Festlande Eingang. Die Bezeichnung der Aphrodite als der schaumgeborenen, aus dem Meere entstiegenen Göttin beruht wohl auf einem Mißverständnis. Die Göttin hieß wohl ursprünglich die über das Meer gekommene; daraus wurde — vielleicht auch um sie später als nationale Göttin erscheinen zu lassen — die Bezeichnung der Göttin als einer aus dem Meere gekommenen. Ich habe Anlaß zu der Vermutung, daß die Insel Kreta die eigentliche Heimat des erotischen Kultes gewesen ist. Bei den engen Beziehungen, die zur Zeit Davids zwischen Kreta und Israel bestehen, ist es denkbar, daß der erotische Kult von dorther in Israel Eingang gefunden hat.

Die Situation ist eine solche, daß ein moderner Schriftsteller nicht wagen würde, sie zu schildern, geschweige denn sie in der Öffentlichkeit vorzulesen. Homer und seine Zeit haben das Schamverletzende darin nicht empfunden. Daher äußern auch die Götter kein Zeichen des Unwillens über den Anblick, kein Zeichen des Zornes über den Missetäter, keine, auch nicht die geringste Scham. Für sie ist der Anblick ein Fest, und die verzweifelte Lage der beiden Gefangenen bringt sie zum Lachen.

„Aber zum Hermes sprach Zeus' Sohn, der Gebieter Apollon:
Hermes, flinker Besteller des Zeus, du Bringer des Heiles,
Hättest du auch wohl Lust, in mächtigen Banden gefesselt,
So auf dem Lager zu ruhn bei der goldenen Aphrodite?
Darauf entgegnete jenem der Argostöter, der flinke:
Ach, geschähe doch das, ferntreffender Herrscher Apollon!
Bande, noch dreimal mehr, unendliche, möchten mich fesseln,
Und ihr Götter zumal, und die Göttinnen alle, dabei stehn:
Gern doch wollt ich so ruhn bei der goldenen Aphrodite.
Also sprach er, und wieder erscholl der Unsterblichen Lachen."

Was die Götter hier äußern, ist im Wesen die Anschauung von Homers Zeitgenossen. Das geschlechtliche Schamgefühl ist den Männern unbekannt. Sie sind der Ansicht, daß man sich des Ehebruchs schämen müsse, w e n n m a n e r t a p p t w i r d; einige aber sind mit Hermes der Ansicht, daß der Geschlechtsgenuß beim Ehebruch die bei der Entdeckung zu fürchtende Beschämung reichlich aufwiegen kann. Ist der Nackttanz Davids für unser Empfinden eine Verletzung der guten Sitte, so ist die Handlungsweise der griechischen Götter mehr als das, eine Roheit, ein Verbrechen. Homer sagt selbst:

„Aber die Göttinnen blieben aus Scham in ihren Gemächern."

Wenn wir Homer glauben dürfen, so war zu seinerzeit Schamhaftigkeit e i n V o r z u g d e s W e i b e s. Und ich bin ebenfalls der Ansicht, daß sich das Schamgefühl z u e r s t b e i m W e i b e entwickelt hat, und wohl nicht lange vor der Zeit, in der Homer sein Vorhandensein konstatieren konnte. Nach meiner Ansicht ist das geschlechtliche Schamgefühl g l e i c h z e i t i g m i t d e m A u f k o m m e n d e r E i n e h e beim Menschen entstanden. Um das zu erweisen, muß ich auf die Entstehung der Einehe ausführlicher eingehen.

Nach der Ansicht der meisten Forscher ist die Einehe den Menschen aus der Tierheit überkommen. Alle höheren Tiere leben dauernd oder längere Zeit mit einem bestimmten Weibchen (oder mit mehreren bestimmten) zusammen; eine regellose Vermischung findet bei den höheren Tieren nicht statt; also, so sagt man, ist die Ehe beim Menschen aus der Tierheit überkommen. Aber der Schluß ist falsch. Z w i s c h e n d e r T i e r e h e u n d d e r m e n s c h l i c h e n E i n e h e i s t e i n g e w a l t i g e r U n t e r s c h i e d, und es hat einer jahrtausendelangen Entwicklung bedurft, um die menschliche Einehe hervorzubringen.

B e i d e n T i e r e n e n d e t d i e B r u n s t m i t d e r E h e. Und das ist unbedingt notwendig. Denn da bei den Tieren — wenigstens bei den wildlebenden — kein Geschlechtsverkehr ohne Kampf ist, würde bei fortdauernder Brunst der Kampf zwischen dem Männchen und dem Weibchen den Zweck der Ehe illusorisch machen. Der Zweck der Ehe ist bei den Tieren nicht Geschlechtsverkehr, sondern Brutpflege. Im Interesse der Brut bleiben Männchen und Weibchen beieinander. Und es kommt wohl noch bei ihnen zu Liebesspielen, aber nicht mehr zu einem ernsthaften Geschlechtsverkehr. Denn die Brunst endet schon nach kurzer Zeit völlig. Die Tierehe ist, wenn ich es scharf ausdrücken soll, nicht Geschlechtsgemeinschaft, sondern Wirtschaftsgemeinschaft. So war auch die Ehe beim Urmenschen nicht Geschlechtsgemeinschaft, sondern Wirtschaftsgemeinschaft. Das zeigt sich mit aller Deutlichkeit noch in der Ehe der heutigen Naturvölker. Bei diesen, bei denen der Geschlechtsverkehr noch ein Kampf ist, bei denen das Weib seine Kampfnatur noch nicht verleugnet, ist dem Manne im allgemeinen nicht gestattet, mit einem Weibe des gleichen Stammes oder der gleichen Stammgruppe zusammenzuleben; denn der aus dem Geschlechtsverkehr entspringende Kampf zwischen Mann und Weib würde den Frieden in der Gemeinschaft stören und die Gemeinschaft dem Untergange entgegenführen. Geschlechtsverkehr darf nur zwischen Männern und Frauen verschiedener Stammgruppen und Stämme stattfinden (Exogamie), und auch dort, wo es nicht mehr zum Raube der Weiber kommt, wo der Mann vielmehr mit der fremden Stammgruppe in friedlicher Weise über den Besitz eines Weibes verhandelt, zeigt sich als ein Rest früherer Kämpfe noch manch wunderlicher Brauch [13]). Vor allem aber ist unter den wilden Völkern jene Form der Ehe weit verbreitet, wo das in der fremden Stammgruppe angeheiratete Weib dem Manne nicht in dessen Stammgruppe folgt, sondern in ihrer eigenen verbleibt, und wo auch die Kinder nicht zur Stammgruppe des Vaters, sondern zu der der Mutter gehören. Diese Form der Ehe erscheint uns wunderlich, sie findet aber ihre Erklärung in der Tatsache, daß die dauernde Brunst des Menschen einen ohne Unterbrechung fortgesetzten Geschlechtsverkehr verlangt, daß aber bei der Kampfnatur des wilden Weibes ein dauerndes Zusammenleben zwischen Mann und Weib unmöglich ist. Da diesen Völkern meist auch der Zu-

[13]) Scheinkämpfe bei Hochzeiten in Australien und Melanesien. Im Südosten Australiens ist es Sitte, daß sich ein Jüngling das Jawort des Mädchens vom Nachbarstamme erwirbt, dann mit ihr entflieht und zwei Nächte und einen Tag im Walde bleibt, damit er den (fingierten) Verfolgungen des Stammes entgehe. In Neusüdwales wurde das Mädchen, auch wenn die Ehe genehm war, stets heimlich von dem Bräutigam und seiner Partei überfallen und geraubt. Oft kam es dabei zu hitzigem Kampfe, worin die meisten Prügel leicht die hin und hergezerrte Braut empfing. Pantomimen, die an den Brautraub erinnern, auch bei den Beduinen Arabiens. Bei den Assiniboin Nordamerikas verhüllen die Schwiegereltern das Gesicht beim Nahen des Schwiegersohnes. Ähnliche Bräuche, die an die ehemalige Stammesfeindschaft zwischen Schwiegereltern und Schwiegersohn erinnern, sind unter den Naturvölkern weit verbreitet. Auf den Fidschiinseln dürfen selbst Bruder und Schwester nicht miteinander reden, sie meiden es, auch nur in die Fußtapfen des einen von ihnen zu treten, und der Vater lehrt die Jungen, die Mutter zu schlagen; denn die Stammesfeindschaft bleibt trotz der Ehe zwischen den Gatten und ihren Kindern erhalten. Trauer der Kinder um den Tod der Eltern ist dort selten.

sammenhang zwischen Beischlaf und Schwängerung unklar ist, so legen sie vielfach auch keinen Wert darauf, daß dasselbe Weib stets von einem und demselben Mann der fremden Gruppe beschlafen wird. Meist verkehren alle Männer der einen mit allen Weibern der andern Gruppe (Gruppenehe)[14]. Die Kinder nennen sich bei den Völkern mit Gruppenehe, da sie den Vater meist gar nicht kennen, ausschließlich nach der Mutter (Mutterrecht). Bei vielen Völkern, deren Stämme in Gruppenehe miteinander leben, heiratet der Mann auch noch eine Frau *seiner eigenen Gruppe*; aber nicht, um mit ihr Geschlechtsverkehr zu treiben, sondern nur, damit sie für ihn arbeitet und für ihn die Wirtschaft besorgt. *Auf dem Geschlechtsverkehr zwischen beiden steht Todesstrafe.* Während also die Natur der Unvereinbarkeit von Geschlechtsverkehr und Dauerehe bei den Tieren dadurch gerecht wurde, daß sie die Brunst nur für kurze Zeit und verhältnismäßig selten auftreten läßt, ist sie ihr bei den Menschen dadurch gerecht geworden, *daß sie die Brunst andauern läßt, aber den Geschlechtsverkehr nur zwischen Partnern verschiedener Gemeinschaften zuläßt.* Es kann daher keinem Widerspruch begegnen, wenn ich behaupte, daß die Ehe bei den Tieren und bei den Naturvölkern Wirtschaftsgemeinschaft, aber nicht Geschlechtsgemeinschaft ist.

Bei vielen Völkern, bei denen die exogamische Ehe schon der endogamischen gewichen ist, bei denen der Geschlechtsverkehr mit dem stammesgleichen Weibe nicht mehr als Blutschande und todeswürdig gilt, findet man noch Anzeichen dafür, daß die Ehe mit der stammesgleichen Frau auch bei ihnen ursprünglich nur Wirtschaftsgemeinschaft und nicht Geschlechtsgemeinschaft war. Auf Tahiti haben die Männer neben ihren Ehefrauen noch auswärts (in Dirnenhäusern) wohnende Nebenfrauen, mit denen sie Geschlechtsverkehr pflegen. Kein Mann läßt sich dort in der Öffentlichkeit mit seiner rechtmäßigen Gattin, d. h. mit seiner „*Hausfrau*", sehen; in der Öffentlichkeit verkehrt er nur mit der „Geliebten" aus dem „Bai", dem Dirnenhause. Und die Hausfrauen weigern sich nicht im geringsten, für die Geliebten ihrer Männer zu arbeiten und sie mit zu ernähren. Auch bei den alten Griechen nahm niemand daran

---

[14]) Exogamische Gruppenehe bei den Mount-Gambier-Australiern: Innerhalb der beiden Stammeshälften Kroki und Kumite ist die geschlechtliche Vermischung streng verboten; aber jedem Manne der einen Gruppe stehen alle Weiber der anderen zur Verfügung. Auf Hawaii waren Schwestern die gemeinsamen Frauen ihrer Männer, Brüder die gemeinsamen Männer ihrer Frauen. Eine ähnliche Ehe bestand bei den alten Briten. Mutterrecht gilt noch auf den Neuhebriden, den Salomonsinseln und auf zahlreichen anderen Inseln der Südsee. Da die Kinder beim Stamme der Mutter verbleiben, so entstehen oft wunderliche Verwicklungen. „Der König von Molegojok, des Landes, dessen Erbfeind Korror ist, ist ein Eingeborener von Aremolunguj; der von Korror stammt von Molegojok, beide bekämpfen ihre eigene Heimat. Rgogor, der wichtigste Häuptling von Korror, ist der Sohn eines Eingeborenen von Ngiwal; Karaj, der Premier von Angarard, und Iraklaj, der König von Molegojok, sind alle vier Geschwisterkinder, und doch geteilt in vier politische Lager." (Kubary, Reisebericht bei Ratzel, Völkerkunde 2. I. 259.) Exogamie, bei welcher das Weib in den Stamm des Mannes übergeht, findet man noch bei den Kirgisen Rußlands. Sie machen oft Fahrten von über 700 Werst Entfernung, um sich Weiber aus fremden Stämmen zu holen.

Anstoß, wenn sich der Ehemann neben seiner Hausfrau eine Hetäre hielt. Auch dort verkehrten Ehemänner und Hetären zwanglos in aller Öffentlichkeit, während die Ehefrauen ans Haus gebannt waren. Perikles' Verhältnis zu Aspasia erklärt sich mithin als Nachwirkung der Geschlechtssitte, bei welcher der Beischlaf bei der „rechtmäßigen" Gattin, der Hausfrau, als unrechtmäßig und todeswürdig, der bei der unrechtmäßigen hausfremden Gattin aber als rechtmäßig galt.

Auch bei den alten Germanen bestand zunächst jene Geschlechtssitte, wie sie heute noch das ferne Ozeanien aufweist, bei welcher der Mann Geschlechtsverkehr nur mit einem Weibe eines fremden Stammes oder einer fremden Stammgruppe treiben darf, während er sich zur Besorgung seiner Wirtschaft ein stammgleiches Weib nehmen kann, mit dem er aber keinen Geschlechtsverkehr treiben darf. Im Alt- und Mittelhochdeutschen bedeutet *hîrât* = Heirat die Besorgung eines Hauswesens, das altenglische *hîred hyrêd* drückt das Hauswesen selbst aus. Das Heiraten eines stammgleichen Weibes zur Besorgung des Hauswesens wird althochdeutsch mit dem Verbum *gihîan* oder *gehîen,* auch *hîwen,* bezeichnet, das eines stammfremden zum Geschlechtsverkehr aber mit *weibôn,* mittelhochdeutsch *weiben, wîben,* d. h. von einem zum andern gehen. Daher ist Weib (althochdeutsch *wîb,* mittelhochdeutsch *wîp)* die Person weiblichen Geschlechts, die durch Verlobung von einer Genossenschaft zur andern übergeht. (Die Bedeutung hin- und hergehen kommt noch in dem Worte Weibel = der Amtsbote, zum Ausdruck.) Das Wort Liebe stammt von einer Wurzel *lub,* die in erlauben, geloben, verloben (und in dem lateinischen *libido* = Begierde) wiederkehrt: lieb = gotisch *liufs,* altenglisch *leóf,* althochdeutsch *liop,* mittelhochdeutsch *liep,* bezeichnet im Urgermanischen eine Person, die aus fremdem Stamme durch Beschluß der Beteiligten in die eigene Gemeinschaft aufgenommen wird. Die Liebe ist daher bei den alten Germanen zunächst nur die Zuneigung des Stammes zu den stammfremden Männern ihrer Weiber, und sodann erst die Zuneigung zwischen Männern und Weibern verschiedener Stämme. — Die germanische Sprachforschung gibt uns auch Aufschluß darüber, wie bei den Germanen die exogamische in die endogamische Ehe übergegangen ist: Es ist nämlich bei den häufigen Kämpfen, die auch zwischen solchen Stämmen, die durch Weibertausch miteinander verschwägert waren, stattfanden, häufig dazu gekommen, daß der eine Stamm die Herrschaft über den andern erlangte, sich seines Gebietes bemächtigte und ihn zur Unfreiheit verdammte. Die Männer des herrschenden Stammes, die Herren, nahmen nun ihre „Weiber" von den Töchtern der Unfreien. Das unfreie Weib ward aber durch die Ehe mit dem Herrn frei. So wandelte sich das althochdeutsche *weibôn,* das die Bedeutung des Übergehens in einen fremden Stamm hatte, in das mittelniederdeutsche *vrîen, vrigen* = freien, frei machen. Die Bezeichnung Weib trat nun vielfach zurück gegen eine vom Stamme *frî* = frei abgeleitete Bezeichnung: altsächsich *frî,* altenglisch *freó* (auch altindisch bezeugt in *priyâ),* Gattin. Auch bei den alten Griechen und

Römern pflegte der freie Mann Geschlechtsverkehr mit der in sein Haus genommenen unfreien Magd. Eurykleia, die Amme des Odysseus und die fleißige Schaffnerin seines Hauses, hatte Laertes „einst um Güter zum Werte von zwanzig Farren gekauft, da sie schön noch blüht' in frischester Jugend, und stets hielt er sie hoch im Haus wie die werte Gemahlin, doch nie rührt er ihr Lager, um nicht sein Weib zu erzürnen". Da den „Hausfrauen" der Herren der Geschlechtsverkehr mit ihren eigenen Gatten zunächst verboten war, mußten sie ihn mit den Männern der unfrei gewordenen Stämme weiter pflegen, und da auch den Töchtern der freien Herren der Geschlechtsverkehr mit den Männern ihres eigenen Stammes verboten war, so konnten die freien Herren nichts dagegen haben, wenn auch ihre Töchter mit den unfreien Männern ihres Landes in Geschlechtsverkehr traten. Der von einem freien Weibe geehelichte Mann behielt dieser gegenüber noch eine gewisse Abhängigkeit, und dadurch erst kam die Bezeichnung Frau für Gattin auf; denn Frau, althochdeutsch *frauwa frouwa* (vgl. das altnordische Freyja, die Göttin der Liebe), bedeutet ursprünglich Herrin. Aber im Stammesrecht wiederum erhielt der von der Frauwa geehelichte unfreie Mann die Freiheit. Wahrscheinlich ist auf die durch die Ehe zur Freiheit gelangten unfreien Männer die Bezeichnung Freund angewandt worden; denn dieses geht ebenfalls auf die Wurzel *frî* zurück, im Gotischen *frijônds*, altenglisch *freônd*, althochdeutsch *friunt*, und hat die Bedeutung des frei gewordenen Geliebten und klingt an das Gotische *franja* = Herr, an. (Auch bei Negerstämmen Westafrikas werden unfreie Sklaven durch die Ehe mit einer freigeborenen Frau frei.) In dem Maße nun, wie der herrschende Stamm sich durch Heiraten und auf andere Weise mit den unterworfenen Stämmen vermischte, mußte sich die Scheidung zwischen exogamischer und endogamischer Ehe, zwischen der auf Wirtschaftsgemeinschaft und der auf Geschlechtsgemeinschaft gegründeten verwischen und eine Form der Ehe entstehen, die gleichzeitig Wirtschafts- und Geschlechtsgemeinschaft war.

Bei den Völkern Afrikas und Asiens wurde die endogamische Ehe sehr bald zur Vielehe. Die Männer erwarben so viel Frauen, wie sie konnten, da sie sich durch deren Arbeit bereichern konnten, sich reichlichen Geschlechtsgenuß erlauben konnten und an ihren Kindern billige Arbeitskräfte gewinnen konnten. Nur der arme Mann mußte sich mit einem einzigen Weibe begnügen. Der Mann verlangte von den Frauen, die er erworben hatte, daß sie sich nur von ihm beschlafen ließen oder von den Männern, denen er es erlaubt hatte. Das Weib machte dagegen keinen Anspruch auf eigenes Recht. Aber es machte sich wiederum bei den Weibern das Streben geltend, die andern Weiber ihrer Männer zu verdrängen, wenn es sich um die Verteilung des Erbes an die Kinder handelte. Fürsten und Edle machten es bei der Verheiratung ihrer Töchter vielfach zur Bedingung, daß ihre Töchter als alleinige oder Hauptfrauen gelten und daß deren Kinder ausschließlich zur Erbfolge gelangen sollten. So gewann auch in Afrika und Asien die Einehe hier und dort einige Ausbreitung. So finden wir es schon bei einzelnen Negervölkern in Afrika, daß Königstöchter ihre Männer frei wählen und dann von ihnen Beschränkung auf Einehe und eheliche Treue fordern.

Bei Männern, die einen größeren Harem besitzen, kann der Unvereinbarkeit zwischen Geschlechtsverkehr und Dauerehe dadurch Rechnung getragen werden, daß der Mann den Frauen, bei denen der Geschlechtsverkehr die Kampfnatur zu sehr weckt, längere Zeit geschlechtlich fernbleibt, und nur den Frauen dauernd beiwohnt, die sanft und verträglich sind. Hat in den Harems tatsächlich eine Bevorzugung der sanften und verträglichen Frauen stattgefunden, so mag es durch die Vielweiberei auch zur Auslese unter den Frauen gekommen sein, dergestalt, daß die Frauen mit starker Kampfnatur kinderlos oder kinderarm blieben und ihre Kampfnatur daher nicht forterben konnten, während die sanften und verträglichen Frauen zu Kinderreichtum und zur Vererbung ihrer Wesensart gelangten. Für das Zustandekommen der Einehe war es aber unbedingt notwendig, daß das Weib seine Kampfnatur ablegte und auch bei andauerndem Geschlechtsverkehr sanft und verträglich blieb. Mag nun die Auslese des Weibes auf Sanftmut und Verträglichkeit hin durch die Vielweiberei oder auf andere Weise erfolgt sein, die Tatsache, daß die Einehe seit dem beginnenden Mittelalter zu allgemeiner Geltung gekommen ist und sich auf Erden immer weiter ausbreitet, zeugt dafür, daß die Wesensart der Frauen in den Kulturvölkern eine andere geworden ist, daß sich ihre ursprüngliche Kampfnatur in starkem Maße gewandelt hat.

Nun möge man sich dessen erinnern, was ich oben im ersten Abschnitt über die Physiologie der Scham gesagt habe. Dort habe ich nachgewiesen, daß der vasomotorische Schamreflex entstanden ist aus dem vasomotorischen Zornreflex. Wurde in den Gemeinschaften der Urmenschen ein Übeltäter vom richtenden Oberhaupte gefaßt, so setzte er sich anfangs zur Wehr, mit Armen und Beinen, mit der Faust und mit den Zähnen. Aber das Oberhaupt bändigte das Selbstbewußtsein seiner Untertanen durch wohlangebrachte Strenge, so daß die Übeltäter vom offenen Widerstand allmählich ließen und nur noch die Zeichen des Zornes und Trotzes zeigten, die reflexartig auftreten, wie das Erröten, das Knirschen mit den Zähnen, das Ballen der Fäuste usw. Bei vielen Untertanen trat in dem Augenblicke, wo das richtende Oberhaupt zornbebend nach dem Übeltäter fahndete, Schreckstarre ein. Und da die Auslese innerhalb der Gemeinschaften und die Erziehung durch das Oberhaupt auf eine immer größere Schwächung des Selbstbewußtseins der Untertanen hinwirkten, so kam es endlich dazu, daß sich das Erröten des Zornes mit dem Schreck so assoziierte, daß der Übeltäter im Augenblick der Fahndung die Zeichen des Schrecks, aber nicht mit Erbleichen, sondern mit Erröten der Haut zeigte.

Beim Weibe hat die Auslese, von der ich vorhin sprach, das gleiche Resultat gezeitigt. Das Urweib trat dem sich nähernden Manne hochrot vor Zorn, mit den Waffen in der Hand, mit geballten Fäusten entgegen, es kratzte und biß. War es aber vom Manne gepackt und zu Boden geworfen worden, so trat jene Schreckstarre ein, die wir an den Tieren beobachten, wenn sie plötzlich von Feinden überfallen werden, und die wir auch an uns beobachten, wenn wir plötzlich in Gefahr geraten. Diese Schreckstarre hat man auch an den Weibchen niederer Tierarten beobachtet, wenn sie vom Männchen gepackt wurden, und diese Schreckstarre ermöglicht es dem Männchen überhaupt nur, dem Weibchen beizukommen und das Zeugungsgeschäft zu verrichten [15]). Ich habe von jungen Männern, die sich sträubende Mädchen zum Beischlaf zwangen, gehört, daß das Sträuben, wenn sie sie erst richtig gepackt hatten, urplötzlich aufhörte, und daß die Mädchen dann unfähig waren, sich zu wehren. Auch hier kommt die Schreckstarre zum Vorschein. In dem Maße nun, wie das Weib sich in den Gemeinschaften an das Zusammenleben mit dem Manne gewöhnte, wie es von Eltern und Genossen zur willigen Gewährung des Beischlafs erzogen wurde, wie es durch Auslese immer sanftmütiger und verträglicher gemacht wurde, blieben bei der Einleitung des Geschlechtsaktes die Abwehrbewegungen aus; und es blieben zuletzt nur die reflexartig auftretenden Zeichen des Zornes übrig. Mit der zunehmenden Abhängigkeit des Weibes vom Manne wurde auch sein Selbstbewußtsein immer schwächer, und endlich zeigte das geschlechtlich berührte Weib nur noch den vasomotorischen Zornreflex, das Erröten. Dieses assoziierte sich mit den Erscheinungen der Schreckstarre derart, daß bei geschlechtlicher Berührung des Weibes ein Zusammenfahren, Augenschluß oder Niederschlagen der Augen, Unterbrechung des Vorstellungsverlaufs (die „holde Verwirrung“ der Romanheldinnen), daneben aber nicht das beim Schreck übliche Erbleichen, sondern das Erröten eintrat. Wir bezeichnen den Komplex von Reflexen, der auf diese Weise entstanden ist, als geschlechtlichen Schamreflex.

Wer alle Tage Hansnarr gescholten wird, der wird darüber endlich nicht mehr zornig, und wer alle Tage die Kugeln pfeifen hört, den erschreckt ihr Pfeifen endlich nicht mehr. So bleiben auch bei dem Weibe, das häufig beschlafen worden ist, Zornreflex und Schreckstarre endlich aus. Es kann nicht mehr erröten, es kann sich nicht mehr schämen. Bleibt bei einer Jungfrau der geschlechtliche Schamreflex aus, so ist sie eben keine Jungfrau mehr (oder die Reflexe sind zerstört oder krankhaft gehemmt). Der geschlechtliche Schamreflex wurde daher das Zeichen der Jungfräulichkeit. Ein Weib, das im Verkehr mit ihrem Gatten keine Zeichen von Scham mehr verrät, muß, wenn sie die Berührung fremder Männer als schändend empfindet, bei der Berührung durch einen fremden Mann Schamreflexe zeigen. Bleibt das Erröten aus, so ist anzunehmen, daß sie an die Verletzung der ehelichen Treue schon gewöhnt ist. Ist aber der geschlechtliche Schamreflex ein Zeichen der Jungfräulichkeit und der ehelichen Treue, so kann er erst in der Zeit entstanden sein, wo das Besitzverhältnis des Mannes am Weibe derart geordnet wurde, daß das Weib sich nur dem Manne hingeben durfte, der es erworben hatte, und wo die Männer im Interesse der Reinblütigkeit ihrer Nachkommenschaft anfingen, auf die Jungfräulichkeit ihrer Bräute und die eheliche Treue ihrer Frauen Wert zu legen.

[15]) A. Gerson, Brunstreflexe und Geschlechtsinstinkte. (Zeitschr. f. Sexualw. 3. Bd. 10.—12. Heft 1917.)

Da nun mit zunehmender Einehe die Frau auch von ihrem Verlobten geschlechtliche Keuschheit und von ihrem Manne eheliche Treue forderte, so bildete sich auch bei dem von der Frau abhängig gewordenen Manne das geschlechtliche Schamgefühl und der geschlechtliche Schamreflex heraus. Mit dem Schamgefühl der Männer hapert es aber noch gewaltig. Während Homers Göttinnen das Schamgefühl schon annähernd in dem Umfange zeigen, wie wir es an unseren heutigen Weibern beobachten, ist die Männerwelt in den Jahrtausenden nach Homer noch nicht weit über den Standpunkt hinausgekommen, auf dem Homer den männermordenden Ares, den erfindungsreichen Hephästos, den Erdumgürter Poseidon, den Fernschütz Apollon und Hermes, den Gott der Schelme, stehen läßt.

Die Geburt der Liebe

In der Einehe konnte das geschlechtliche Schamgefühl Stärke und Geltung auch nur deshalb erreichen, weil mit ihr der Frauenkauf endete. Solange der Mann sich Frauen kaufte, um sich durch deren Arbeit zu ernähren und zu bereichern, solange das Weib nicht dem Würdigsten, sondern dem Reichsten zufiel, solange es dem Weibe nicht verstattet war, sich in freier Wahl an den Mann seiner Liebe zu binden, konnte das geschlechtliche Schamgefühl nicht aufkommen. Das an einen Unwürdigen verschacherte, von einem Unwürdigen unwürdig behandelte Weib konnte sich kein Gewissen daraus machen, die Ehe zu brechen, sie konnte sich des Ehebruchs nicht schämen. Die Vorbedingung des geschlechtlichen Schamgefühls ist die Liebe zwischen den Ehegatten. Nur ein Ehegatte, der den andern hochachtet und liebt, kann Scham empfinden bei einer Tat, durch die der andere verletzt wird. Natürlich konnte auch ein Mann, der sich ein Weib gekauft hatte, der der Treue seines Weibes nicht völlig sicher war, der nicht auf die Liebe seines Weibes rechnen konnte, nicht jene Scham empfinden, die sich auf der Liebe zum Gatten aufbaut und vor geschlechtlicher Untat bewahrt. Das geschlechtliche Schamgefühl ist, wenn ich es recht bündig ausdrücken soll, d i e K e h r s e i t e d e r L i e b e. Und nur, wo die Ehegatten einander recht innig lieben, empfinden sie bei dem Geschlechtsverkehr, den sie miteinander pflegen, die geschlechtliche Scham, die sie vor unreiner Sinnlichkeit und vor orgiastischer Ausschweifung bewahrt. Eine wahrhaft glückliche Ehe ist nur die, wo Mann und Weib den Kelch geschlechtlicher Lust nicht alsbald bis auf die letzte Neige auskosten, wo geschlechtliche Scham dem ungestillten Verlangen beider Zügel anlegt, wo geschlechtliche Scham das Tierische verdeckt, das Mann und Weib voreinander verbergen müssen, wenn nicht die Achtung des einen vor dem andern schwinden soll.

Der Frauenkauf ist noch aus einem anderen Grunde ein Hemmnis für die Entstehung des geschlechtlichen Schamgefühls gewesen. Wenn sich auch in einem Volke des Altertums die Auslese des Weibes in der Richtung auf Sanftmut und Verträglichkeit, auf

Keuschheit und eheliche Treue noch so kräftig und andauernd geltend gemacht hatte, so fand doch immer wieder infolge des Zuströmens ausländischer Weiber, die zu Gattinnen und Kebsweibern gekauft worden waren, ein Rückschlag des Weibes in seine alte Natur und ein Hervorbrechen der auf Kampf und Ungebundenheit gerichteten Instinkte statt. Solange die Völker vom Frauenkauf nicht ließen, konnte daher eine gründliche Umwandlung der Wesensart des Weibes nicht stattfinden, konnte das geschlechtliche Schamgefühl des Weibes nicht über Spuren hinauswachsen. Das geschlechtliche Schamgefühl konnte sich kräftig nur dort entwickeln, wo eine streng innegehaltene Inzucht das Zuströmen ausländischer Weiber, vor allem solcher aus niederen Kulturkreisen und -völkern, ausschloß.

Nun bedenke man, was alles bei den Völkern des Altertums der Ausbildung des geschlechtlichen Schamgefühls entgegenstand. Überall in den Völkern waren die Reichen und Edlen für die Abschaffung von Vielweiberei und Frauenkauf wohl nicht zu haben; denn auf beiden ruhte ihre wirtschaftliche Macht. Sie brauchten Frauen zur Arbeit und zur Produktion von billigen Arbeitern, und sie nahmen sie, woher sie sie bekamen. Überall in den Völkern sahen die Herrschenden in der Verschwägerung mit denen des Auslandes ein Mittel, ihre politische Macht zu stützen, überall gaben die Könige das üble Beispiel der Heirat mit ausländischen Frauen und der Anlegung ganzer Harems von solchen. Überall in den Völkern war die Priesterschaft für das Fortbestehen der die Auslese des Weibes hemmenden, das Schamgefühl ertötenden erotischen Kulte. Denn diese Kulte lockten die Massen in die Tempel und verschafften den Priestern Gunst und Reichtum. Überall in den Völkern war auch die Kriegerkaste dem Fortschritt feindlich. Denn die auf den Kriegszügen erbeuteten Frauen und Mädchen brachten ihnen beim Verkauf in der Heimat reichen Gewinn. Und endlich waren in gleicher Weise alle diejenigen, die als Händler am Verkauf beteiligt waren, der Änderung der Geschlechtssitte entgegen.

Es mag daher bei den Völkern des Altertums noch so oft ein Anlauf zur Verwirklichung der auf freie Gattenwahl gegründeten Einehe gemacht worden sein — wir wissen ja, daß den Griechen und Römern die Vielweiberei und was damit vergesellschaftet war, fremd war —, zu einer gründlichen Ausbildung des geschlechtlichen Schamgefühls konnte es dennoch nicht kommen, solange bei ihnen Sklaverei und erotische Kulte bestanden und solange in den Ehegesetzen die Forderung der Inzucht fehlte. Ich weiß in der Geschichte des Altertums auch nur einen einzigen Fall, wo sämtliche Vorbedingungen für das Zustandekommen des geschlechtlichen Schamgefühls gleichzeitig gegeben waren; das ist das nachexilische Israel [16]).

Wann die erotischen Kulte in Israel ihr Ende fanden, das läßt sich nicht mit Sicherheit angeben. Wahrscheinlich kamen die

[16]) Bei den Ägyptern und Indern war für die in Kasten abgesonderten oberen Klassen strenge Inzucht vorgeschrieben; aber für die große Masse des Volkes galt das Gesetz der Inzucht nicht.

Propheten in ihrem Kampf gegen die ausländischen Götter, gegen Baal und Astarte, auch dazu, den nationalen Kult Jehovas von den fremden Beimengungen zu befreien, die König David bei seiner Verpflanzung nach Jerusalem in ihn hineingebracht hatte. In der nachexilischen Zeit sind die erotischen Kulte Israel fremd, obwohl sie in ganz Vorderasien noch fortdauerten. Aber Frauenkauf, Vielweiberei und alle sonstigen Hemmungen der Auslese des Weibes dauerten in Israel nach Beendigung des babylonischen Exils noch fort, bis Nehemia aus Babel kam und das Ehegesetz Israels reformierte. Durch Nehemia wurde nicht allein der durch Nebukadnezar zertrümmerte jüdische Staat neu errichtet, sondern auch die Familienverfassung Israels auf eine neue Grundlage gestellt. Nehemia setzte es durch, daß die Männer Israels ihre ausländischen Frauen entließen und sich verpflichteten, in Zukunft nur israelitische Frauen zu ehelichen. Man lese nur im Buche Nehemia Kap. 4—6 u. 13 (s. auch Esra Kap. 9 u. 10) nach, mit welchen Schwierigkeiten Nehemia zu kämpfen hatte, und man wird ermessen können, wie stark noch im nachexilischen Israel die Widerstände waren, die der Forderung der Inzucht entgegenstanden. Es gelang ihm, diese Widerstände zu brechen, weil das Volk Israel damals auf dem Boden Palästinas nur ein geringes Häuflein von wenigen Tausenden bildete, in welchem auch ein Einzelner seinen Willen zur Geltung bringen konnte, weil das Volk Israel durch die furchtbaren Ereignisse, die dem politischen Zusammenbruch gefolgt waren, und durch die Wiederbelebung seiner nationalen Hoffnungen unter Cyrus religiös gestimmt war, so daß Esra und Nehemia mit der Berufung auf Gottes Wort einen vollen Erfolg erzielen konnten, weil Nehemia über militärische Machtmittel verfügte, die seinen Forderungen Nachdruck gaben, weil er vor allem eine vorbildliche, ehrfurchtgebietende Persönlichkeit war, aus deren Mund Lob und Tadel nachhaltig wirkten, weil ein starkes Königtum und eine einflußreiche Kriegerkaste, die an der Aufrechterhaltung der alten Ordnung das größte Interesse hätten haben können und die seinen Einfluß hätten wett machen können, im nachexilischen Israel nicht vorhanden waren, und weil die wenigen reichen Familien, die an Widerstand hätten denken können, einen solchen auch darum nicht wagten, weil Nehemia dadurch, daß er die Reichen zuvor zur Freilassung der israelitischen Sklaven gezwungen hatte, die Gunst der großen Menge erlangt hatte.

Es kam also in der nachexilischen Zeit auf dem Boden Israels so mancherlei zusammen, was sich sonst bei den Völkern des Altertums nicht vereinigt fand; und es fand sich vor allem eine einsichtige, hochstrebende Persönlichkeit, die die gegebene Lage zu nutzen wußte. Nachdem aber einmal die Entlassung der ausländischen Frauen stattgefunden und das Volk sich zu strenger Inzucht verpflichtet hatte, bürgerte sich die neue Geschlechtssitte in Israel bald ein; und ihre Folgen müssen derart gewesen sein, daß späterhin sich jedermann, und insbesondere auch der einfache Mann aus dem Volke, veranlaßt fühlte, für ihre Bewahrung und Erhaltung einzutreten. Weil die Reichen im Ankauf fremder Weiber und in der Versklavung von Israeliten behindert waren, konnte es im nachexilischen Israel ebensowenig zur Ansammlung großer Reichtümer in einzelnen Händen, wie zur Entstehung einer großen unfreien Volksmasse kommen. Während in den anderen Völkern des Altertums großer Reichtum und große Armut unvermittelt nebeneinander bestanden und die Zahl der Unfreien oft ein Vielfaches von der der Freien bildete, war im nachexilischen Israel (das letzte vorchristliche Jahrhundert ausgenommen) der Besitz gleichmäßiger verteilt und die Unfreiheit weniger allgemein. Das nachexilische Israel hatte daher eine starke Demokratie und war, selbst zur Zeit der makkabäischen Könige, ein demokratisch regierter Staat. War die durch Nehemia eingeführte Geschlechtssitte der Demokratie förderlich, so wird das demokratische Element im Volke sicher auch für die Erhaltung der Geschlechtssitte eingetreten sein, wo sich bei den Reichen und den späteren Königen das Bestreben geltend machte, die Geschlechtssitte zu durchbrechen.

Im nachexilischen Israel trat die Vielehe gegen die Einehe zurück. Das lehrt ein Vergleich des nachexilischen Schrifttums mit dem vorexilischen, auf dessen Einzelheiten ich nicht eingehen will, weil ich keinen Widerspruch erwarte. Aber diese auf dem Boden Israels entsprossene Einehe ist eine völlig andere als die Einehe, wie wir sie bei den anderen Völkern des Altertums, insbesondere bei den arischen, finden. Überall, wo sonst Einehe bestand, war sie — nach dem Aufhören der Gruppenehe — (s. oben S. 38 ff.) hervorgegangen aus der Wirtschaftsgemeinschaft, die ein Mann mit einem Weibe eingegangen war, um an diesem eine Ernährerin, eine Dienerin für persönliche Bedürfnisse — außer dem Geschlechtsbedürfnis — zu haben. Wir erinnern uns, daß bei dieser Form der Einehe der Geschlechtsverkehr sogar verboten, als Blutschande geachtet war, daß Männer und Frauen, die in dieser Einehe lebten, mit dem Tode bestraft wurden, wenn sie geschlechtlich miteinander verkehrt hatten. Bei diesen Völkern hatte die Einehe eben wegen ihrer ursprünglich rein wirtschaftlichen Bedeutung ohne Frage gewisse Vorzüge vor der in Israel entstandenen, aus der Vielweiberei hervorgegangenen Form der Einehe. Der Mann prüfte das Weib, wie es unsere Bauern noch heute tun, zunächst auf seine wirtschaftlichen Fähigkeiten; er sah, ob es verständig war in der Wartung des Viehs, ob es rüstig war mit Hacke und Spaten, emsig am Spinnrocken und Webstuhl, ob es Geschirr und Zeuge und allerlei Hausrat besaß. Erst dann prüfte er wohl, ob sie wohlgebaut am Körper und sittsam war. Die Einehe der alten Arier hatte daher von vornherein etwas Solides und Dauerhaftes an sich. Mochten Mann und Weib auch ohne Liebe zueinander gegangen sein und ohne Liebe nebeneinander hergehen, solange der Mann Hab und Gut mehrte, fand die Frau keinen Anlaß, Haus und Hof zu verlassen, und solange die Frau Haus und Hof gut versah, fand der Mann keinen Anlaß, sein Weib zu verstoßen, es sei denn, daß sie die Ehe brach. Bei der in Israel aus der Vielweiberei hervorgegangenen Einehe war dagegen das wirtschaftliche Moment nebensächlich. Da der Erwerb wesentlich Sache des Mannes war, so kam bei der Eheschließung das wirtschaftliche Können der Frau weniger in Frage. Da im Orient die Geldwirtschaft stärker entwickelt war, so spielte bei der Eheschließung in wohlhabenden Familien der vom Weibe mitzubringende Hausrat lange nicht die

Rolle, wie bei den abendländischen arischen Völkern, und der Arme war wohl froh, wenn er überhaupt ein Weib fand und fragte nicht nach dem, was sie mitbrachte. Der israelitische Mann nahm sich ein Weib nicht sowohl aus wirtschaftlichen Gründen, sondern um mit ihr Kinder zu zeugen. Er brauchte einen Erben, der seinen Namen in seiner Gemeinde aufrecht erhielt, der seinen Besitz nach seinem Tode übernahm; und je mehr Kinder er erzog und mit Besitz versorgte, desto größer war sein Ansehen in seiner Gemeinde. Blieb das Weib, das er sich genommen hatte, kinderlos, so war es sein gutes Recht, sie zu entlassen, oder neben ihr noch eine zweite Frau zu ehelichen. Bei aller Heiligkeit, die das Eheband im alten Israel hatte, hatte die Einehe doch von vornherein im Vergleich zur arischen Einehe eine gewisse Lockerheit, eine Lockerheit, wie sie heute etwa die Ehen der Stadtbevölkerung im Vergleich zu denen der rein bäuerlichen zeigen. Was sich gefunden hatte, das lief — wenn nicht alsbald Kindersegen eintrat — leichthin wieder auseinander; Gründe zur Ehescheidung waren feil wie Brombeeren, und nur, wenn die Frau Söhne geboren hatte, war das Eheband ein festes, unzerreißbares.

Fehlte also der israelitischen Einehe der feste wirtschaftliche Halt, den die arische Ehe von vornherein hatte, so hatte die israelitische Einehe doch wiederum einen Kitt, dessen die arische von vornherein sehr ermangelte. Der israelitische Mann, der sein Weib vor allem deshalb ehelichte, um mit ihr Söhne zu zeugen, hatte ein feines und lebhaftes Gefühl für alles Geschlechtliche am Weibe, das dem arischen Manne von vornherein abging, und das israelitische Weib erwarb durch eine von jahrhundertelanger Inzucht begünstigte Auslese an Stelle der ursprünglichen Kampfnatur ein Wesen, das sich dem geliebten Mann willig hingab und anschmiegte, es erwarb an Stelle der ursprünglichen geschlechtlichen Kälte die Aktivität der Liebe, Eigenschaften, die dem arischen Weibe von vornherein noch abgingen.

„Ich schlafe; aber mein Herz ist wach!
Horch! Da klopft mein Geliebter:
Öffne mir, Schwesterchen! Trautchen! Täubchen! Liebchen!
Denn mein Haupt ist voll von Tau,
Meine Locken von nächtlichem Naß. —
Ach, und ich hatte mein Kleid ausgezogen — —
Und wie sollte ich es nun schnell anziehen?
Und ich hatte meine Füße gewaschen — —
Und konnte ich sie da schmutzig machen? —
Da streckte mein Geliebter die Hand herein,
Da tat er mir so leid;
Da stand ich denn auf, um ihm zu öffnen.
Doch meine Hände tasteten vorbei ins Myrrhenöl,
Und von meinen Fingern troff das Myrrhenöl
Auf den Griff des Riegels.
Und als ich endlich meinem Liebsten aufgetan,
Da war mein Liebster plötzlich verschwunden.
Ach, wie lauschte da meine Seele nach seinem Wort,
Ich sucht' ihn und konnt' ihn nicht finden,
Ich rief ihn, und er antwortet' nicht! —
Da fanden mich die Wächter
Umwandelnd in der Stadt,

Sie schlugen mich, stießen mich,
Sie rissen meinen Schleier nieder,
Die Wächter der Straßen.
Ich beschwöre Euch, ihr Töchter Jerusalems!
Wenn Ihr meinen Liebsten findet,
Wollet ihm doch sagen,
Daß liebeskrank ich bin!"

Liebeskrank sein! Daß ein Weib liebeskrank sein konnte, das war für das Altertum etwas Neues, etwas Unerhörtes. Und am israelitischen Weibe tritt diese Krankheit zuerst auf. Im Hohenlied Salomonis, dessen nachexilische Entstehung mir nicht zweifelhaft ist, bekundet sich zum erstenmal eine für das Altertum unerhörte Aktivität des Weibes in der Liebe. Aus dem Weibe, das den sich nähernden Mann mit Händen und Füßen, mit den Zähnen und mit den Nägeln abwehrte, ist ein Weib geworden, das im Traume die Gassen durchstreift, um ihn zu suchen, das nach seinen Küssen dürstet, das liebeskrank ist vor Sehnsucht nach seinem Liebsten. Und wenn ich behaupte, daß diese Umwandlung allein im nachexilischen Israel vor sich gegangen ist, so schließe ich das, wie schon gesagt wurde, aus der Tatsache, daß nur im nachexilischen Israel die Vorbedingungen gegeben waren für die Umwandlung des weiblichen Charakters, und weil sich sonst im Schrifttum keines alten Volkes ein Lied, ein Spruch, eine Dichtung findet, aus der eine solche Umwandlung so klar ersichtlich wäre, wie aus dem Hohenlied der Liebe Israels. Wo finden wir in der alten Literatur ein Buch wie das Hohelied, ein Buch, in welchem der tierische Instinkt eine solche Verklärung und Veredelung erlangt hätte, wie im Hohenlied, ein Buch, in welchem die Liebe eine so deutliche und doch so keusche Sprache redet, wie im Hohenlied? Was ist die Liebeslyrik der Heutigen, was ist selbst Goethes und Heines Liebeslyrik gegen die des Hohenliedes? Und wo hat es ein Volk gewagt, ein erotisches Gedicht in den Kranz seiner heiligen, von Gott inspirierten Bücher einzubinden, wie Israel es mit dem Hohenliede tat? Aber das Hohelied ist eben ein heiliges, von Gott inspiriertes Lied. Es ist der Siegeslohn eines jahrhundertelangen Kampfes der Propheten gegen Baal und Astarte, gegen die unnationale Geschlechtssitte; es ist die Frucht der Saat, die Esra und Nehemia säeten, als sie die fremden Weiber aus Israel trieben und die Familie zum Träger von Volkstum und Kultus machten, es ist die holdselige Verklärung des Gebotes, das Gott am Sinai gab: Du sollst nicht ehebrechen!

Liebe war der Kitt, der die Ehe in Israel stärker zusammenhielt, als bei den Ariern die gemeinsame Wirtschaft und der gemeinsame Erwerb. Daß die Arier die Liebe — die Liebe im Sinne des Hohenliedes — nicht kannten [17]), will ich im nächsten Abschnitt noch eingehender dartun. Hier will ich nur noch auf den Gedanken zurückkommen, um dessentwillen ich überhaupt auf die Entwicklung der Einehe eingegangen bin, auf den Gedanken, daß die Entstehung des geschlechtlichen Schamgefühls innig verknüpft gewesen sei mit der Entstehung der Einehe. Ist im nachexilischen Israel Einehe und

[17]) Siehe auch S. 40 f.

Gattenliebe entstanden, so ist in ihm auch sicher das geschlechtliche Schamgefühl emporgeblüht und gereift. Das ist nun aber aus Büchern und Rollen schwer zu erweisen. Ich kann hier keine beweiskräftigen Belege beibringen, möchte mich aber auf einen alten talmudischen Spruch berufen. Die alten Israeliten der nachexilischen Zeit sind nach ihm von allen Völkern unterschieden als „barmherzig, lerneifrig und schamhaft". Ob das Urteil für die nachexilische Zeit zutreffend ist, kann man nicht mit Sicherheit beurteilen; es ist aber bezeichnend, daß die Schamhaftigkeit als eine hervorstechende Eigenschaft des nachexilischen Israels genannt wird. Für das Israel der vorexilischen Zeit sind Barmherzigkeit, Lerneifer und Schamhaftigkeit keineswegs hervorstechende Tugenden. Der vorexilische Israelit rühmte an sich statt der Barmherzigkeit den kriegerischen Mut, wie er ihn seit den Tagen Josuas und Gideons auch tatsächlich auszeichnete, und er nannte daher seinen Stammvater mit Recht Israel, d. h. den Kämpfenden. Der vorexilische Israelit rühmte an sich anstatt des Lerneifers die List des Händlers, wie Israel ja auch seit der Zeit Salomos und bis auf die Gegenwart ein Handelsvolk ersten Ranges war, und er nannte seinen Stammvater daher mit Recht Jakob, d. h. den Erlistenden. Und der vorexilische Israelit rühmte an sich statt der Schamhaftigkeit die starke geschlechtliche Sinnlichkeit und Triebhaftigkeit, und er nannte daher seinen Stammvater Isaak, d. h. den Brünstigen. Man sieht, der vorexilische Israelit muß eine wesentlich andere Färbung des Charakters besessen haben, als sie der nachexilische besaß. Diese Tatsache aber, daß das Exil und die gründlich veränderte Stellung der Juden in Staat und Weltwirtschaft, wie sie die Zeit nach dem Exil heraufbrachte, die Wesensart des Israeliten von Grund auf geändert hat, ihn unkriegerisch und abstrakter Logik zugeneigt gemacht hat, läßt es begreifen, daß bei ihm auch jene Änderung der Wesensart eintrat, die wir oben geschildert haben und die zur Entstehung der geschlechtlichen Schamhaftigkeit führte.

III.
Zur Soziologie des Schamgefühls

Vom Rassenaufstieg

Ist das Schamgefühl für die Erhaltung unserer Art notwendig? Und bejahendenfalls: Wie kann die Jugend zur Scham erzogen werden?

Über die Zweckmäßigkeit und Notwendigkeit des allgemeinen Schamgefühls habe ich schon oben gesprochen (S. 12 ff.); es handelt sich jetzt nur noch um die Zweckmäßigkeit und Notwendigkeit des geschlechtlichen Schamgefühls. Darüber gehen die Ansichten auseinander. Naturwissenschaftlich gebildete Ärzte und Laien halten das geschlechtliche Schamgefühl wohl gar für eine Schwäche kindlich naiver Naturen, deren man sich zu „schämen“ habe und die der gebildete Mensch sobald wie möglich ablegen muß. Weil der Beischlaf etwas Natürliches ist, wie essen und trinken, so glauben sie, man dürfe ihn auch in Gegenwart anderer vollziehen, und sie vollziehen ihn auch wohl ohne Scheu in Gegenwart ihrer eigenen Kinder. Manche meinen, geschlechtsunreife Kinder brauche man nicht zu behüten, sie dürfen alles sehen und alles tun. Geschlechtsreife Kinder aber könne man am besten vor verkehrten Handlungen und vor gegeschlechtlicher Ansteckung schützen, wenn man sie schon vor der Geschlechtsreife gründlich aufklärt, wenn man ihnen frühzeitig zeigt, wie sie den Geschlechtsverkehr unter Anwendung antikonzeptioneller Mittel ohne Gefahr ausüben können, und wenn man ihnen den Weg zu einem solchen ebnet. Zeigen sich bei jungen Männern infolge der Unterdrückung des Geschlechtstriebes nervöse Beschwerden oder der Zwang zur Onanie, so sendet der Arzt ihn wohl gar zur Dirne und ist sich dessen gar nicht bewußt, daß der außereheliche Beischlaf das Köstlichste tötet, was Mann und Weib in die Ehe mitbringen können, das geschlechtliche Schamgefühl. Unverständige Eltern freuen sich, wenn ihr zwölfjähriger Lümmel den Kavalier gegen junge Mädchen spielt; um ihn zur Galanterie gegen Damen zu erziehen, ertöten sie seinen Knabenstolz, der die Vorstufe ist zum Mannesstolz. Man duldet es, daß Kinder in Theatern, Kinos, Museen und Schaufenstern, auf Straßen und Plätzen allerlei zu sehen bekommen, was schamhafte Menschen zu verhüllen pflegen. Von einer Erziehung zur Scham kann da offenbar keine Rede sein.

Von der Zweckmäßigkeit und Notwendigkeit des geschlechtlichen Schamgefühls:

Je größer das Wachstum des Körpers bei einer Art ist, desto vollkommener kann die Organisation ihres Körpers sein. Zwar ist die Arbeitsteilung zwischen den Zellen in dem kleinen Körper der Maus kaum geringer als in dem großen Körper des Elefanten, wenn aber Zölenteraten, Würmer und Insekten die hohe Organisation des Wirbeltierkörpers nicht erreicht haben, so führen wir dies doch wohl mit Recht auf den geringen Umfang an Körpermasse, auf das geringe Größenwachstum in diesen Tierklassen zurück. Die niederen Arten erreichen nur ein geringes Maß von Körpermasse, weil — wenn ich mich so ausdrücken darf — ihre Individuen meist ein Vielfaches von dem, was der Körper ausmacht, zu Fortpflanzungszwecken aus ihrem Körper entleeren. Je weiter wir in der Tierreihe hinabsteigen, desto größer wird im allgemeinen die Zahl der von einem Individuum erzeugten Eier und Samentierchen, desto ungünstiger wird das Verhältnis zwischen der Zahl der organisierten Körperzellen und der der produzierten Fortpflanzungszellen. Je weiter wir in der Tierreihe hinaufsteigen, desto geringer wird die Zahl der im Eierstock der Weibchen reifenden Eier, desto geringer wird die Zahl der Jungen eines jeden Wurfes und aller überhaupt geworfenen. Die Natur hat also die Zeugungsfähigkeit der Tiere in aufsteigender Tierreihe vermindert und den dabei ersparten organischen Stoff für das Wachstum und die Vervollkommnung der Individuen verwendet.

Die Einschränkung der Zeugungsfähigkeit ist besonders stark beim menschlichen Weibe. Von den Tausenden von Eiern, die die Natur im Eierstock des menschlichen Weibes vorgebildet hat, reifen während seines Lebens nur wenig mehr als 200, und die Zahl der Geburten erreicht bei den Kulturvölkern nur selten ein halbes Dutzend. Zwillings- und Mehrgeburten sind höchst selten. Dafür aber hat die Natur beim Menschen eine höchst vervollkommnete Organisation des Körpers erzielen können. Was die Einschränkung der Zeugungsfähigkeit der Erhaltung der menschlichen Art abträglich ist, das wird durch die vervollkommnete Organisation des Körpers mehr als wettgemacht.

Die Natur hat eine Einschränkung der Zeugungen auch erzielt, indem sie dem männlichen Partner die Erlangung eines weiblichen stark erschwerte. Das männliche Tier muß mit anderen Männchen um den Besitz des Weibchens kämpfen, es muß das Weibchen aufsuchen und bezwingen. Der Mann der Urzeit mußte sich ein Weib aus einem feindlichen Stamme rauben, die Sitte hinderte ihn, ein Weib aus dem gleichen Stamme und aus der gleichen Familie, der er selber angehörte, zu nehmen. Später mußte der Mann ein beträchtliches Kapital aufsammeln, damit er ein Weib kaufen konnte, und in der Gegenwart muß er nachweisen können, daß er eine Familie ernähren kann. Die Familiengründung ist den jungen Leuten immer mehr erschwert worden, und die höheren Klassen unserer Kulturvölker kommen, weil Studium und Ausbildung viele Jahre erfordern, erst sehr spät, meist erst im 3. Lebensjahrzehnt, zur Familiengründung. Durch die Gesetzgebung ist das heiratsfähige Alter bei jungen Männern und Mädchen immer weiter hinaufgesetzt worden; und die jungen Mädchen gelangen vielfach ebenfalls erst spät unter die Haube, weil ihre Verehelichung an den Erwerb einer Mitgift gebunden ist. So hat die Natur auf Tier und Mensch einen starken Zwang zur geschlechtlichen Entsagung ausgeübt. Dieser Zwang ist aber wohltätig. Denn die dabei erzielte

Einschränkung der Zeugung kommt der Organisation des Körpers und der Vervollkommnung der Art zugute.

Beim Menschen tritt zum Zwang der Entsagung noch ein Instinkt der Entsagung. Haben Kinder oft gesehen, wie die Alten sich liebkosen, so probieren sie es wohl aneinander, und der Instinkt leitet sie oft schon frühzeitig so, daß sie den Weg nach den Geschlechtsteilen des anderen Geschlechts suchen. Wenn dann die Alten sehen, daß die Schnäbelei bei der jungen Welt ins Ernstliche ausartet, so lachen sie darüber und wollen sich ausschütten vor Lachen über das tolle, unbeholfene Gehaben der jungen Brut. Merkt diese aber, daß die Alten lachen, so ist es mit ihrer Einfalt vorbei. Sie wissen zwar noch nicht, wodurch sie sich lächerlich machen, aber sie merken, daß sie sich lächerlich machen, und das Lachen der Alten wirkt wie ein kaltes Sturzbad auf sie. Das Lachen der Alten, aus ihrer Schamlosigkeit entsprungen, weckt in den Jungen das, was den Alten fehlt, die Scham. Sie lassen das kindliche Spiel, von dem sie jetzt ahnen, daß es eben kein kindliches Spiel ist. Nicht geschlechtliche Scham hält sie fürder von der Unsittlichkeit ab, sondern die Furcht vor dem Lachen der Alten, das allgemeine Schamgefühl.

Wie unsere Kinder durch das allgemeine Schamgefühl angeleitet werden, das geschlechtlich Ungehörige zu meiden, bevor sie wissen, was geschlechtliche Keuschheit und eheliche Treue usw. ist, so werden auch wilde und halbwilde Völker durch das allgemeine Schamgefühl zu geschlechtlicher Sittlichkeit geführt, auch wenn sie von der Heiligkeit der Ehe keine Ahnung haben. Das Negerkind und das Papuakind wird durch das Lachen der Alten davon abgehalten, sich geschlechtlich an seinesgleichen zu vergehen, obwohl es, mit den Alten in einer Hüte wohnend, oft mit ansieht, wie die Alten sich vergnügen. Und wenn dann der Trieb zur Zeit der Pubertät allmächtig und ununterdrückbar geworden ist, schämt sich der junge Sohn der Wildnis immer noch, in Gegenwart der Alten das auszuüben, was ihm bisher als lächerlich galt, was ihm durch die Alten als lächerlich hingestellt worden war. Es haben sich daher zahlreiche Stämme genötigt gesehen, für die Jünglinge und jungen Mädchen besondere Häuser zu errichten, in denen sie zusammenkommen können, und sie durch besondere Weihen und Unterweisungen auf den Geschlechtsverkehr vorzubereiten[1]). So ist das Lachen, wie es der Anlaß zur Verhüllung der Geschlechtsteile gewesen ist, auch der erste Anlaß zur geschlechtlichen Entsagung gewesen.

Es gab unter den Jünglingen solche, bei denen der Trieb nach dem Weibe spät eintrat und längere Zeit hindurch schwach blieb, und auch solche, bei denen er infolge einer krankhaften Veranlagung (Homosexualität, Impotenz u. a.) gar nicht eintrat. Es gab solche, bei denen das Lachen der Alten lange nachwirkte, und die sich auch später noch Entsagung auferlegten. Je weniger aber ein Jüngling seine Kräfte im Geschlechtsverkehr verausgabte, desto kräftiger

[1]) Bongo, Sandeh und Madi am oberen Nil, westafrikanische Negerstämme, Dajaken und zahlreiche andere malayische Stämme. Es ist nicht die Scham der Alten vor den Jungen, sondern die der Jungen vor den Alten, was die besonderen Schlafhäuser notwendig gemacht hat.

konnte er werden, desto besser konnte er Körper und Geist entwickeln. Es errangen daher überall in den Gemeinschaften die jungen Männer, die der Geschlechtlichkeit geringere Opfer brachten, höheres Ansehen und größeren Einfluß; und ebenso wie in späterer Zeit eine Auslese des Weibes auf größere geschlechtliche Erregbarkeit hin stattfand (S. 48 ff.), so fand nunmehr eine Auslese des Mannes auf geringere geschlechtliche Erregbarkeit hin statt. Diese Auslese war so stark, daß ein großer Teil der Männer homosexuelle Qualitäten ererbte und die Homosexualität bei einzelnen Völkern zu einer wahren Volkskrankheit wurde.

Es kann uns nicht wundernehmen, daß die Scheu vor dem Geschlechtlichen, die der Knabe durch das Lachen der Alten erworben und der Jüngling vom Knaben ererbt hatte, sich endlich auch auf den erwachsenen Mann vererbte. Krieger und Priester fingen an, die Ehe zu meiden, jene, weil sie fern der Heimat schweiften, diese, weil sie nicht durch Familienpflichten abgelenkt werden wollten, beide aber auch darum, weil sie der Ernährung durch Weiber nicht bedurften. Auch der verheiratete Mann mied das Weib, so viel er konnte. Er aß von ihm abgesondert mit den anderen Männern gemeinsam, er mied den Beischlaf während bestimmter Zeiten, beim schwangeren und säugenden Weibe oft völlig. Zu jener Zeit, wo im Orient das Weib zum ersten Male in der Liebe aktiv erscheint, predigen dort Philosophen und Moralisten die geschlechtliche Enthaltsamkeit als die höchste Tugend des Mannes; und durch Jesu und der Apostel Predigt fand dieser Geist weite Verbreitung auch im Abendland [2]).

Die geschlechtliche Enthaltsamkeit der Altvorderen wirkt durch Vererbung in der Gegenwart fort. Es gibt zahlreiche wilde Völker, die stark enthaltsam sind, obwohl sie von geschlechtlicher Scham keine Ahnung haben. Bei den Battaks auf Sumatra baden die Mädchen ohne Scheu vor anwesenden Männern; aber diese senken die Augen und meiden ihren Anblick [3]). Ehlose Krieger und Priester findet man bei zahlreichen wilden und halbwilden Völ-

[2]) Riten zur Förderung der geschlechtlichen Enthaltsamkeit sind bei den Naturvölkern weit verbreitet. Die Australier suchen bei ihren mannbaren Knaben den Trieb durch wochen- und monatelang anhaltende Peinigungen, durch Versagung nahrhafter Speisen u. dgl. zu schwächen. Dabei wird die Gesundheit der jungen Männer oft völlig untergraben, und manche gehen daran zugrunde. Die Abschließung der jungen Männer und die Ausschließung alles Weiblichen von diesen Riten geht dabei bis ins Spitzfindige. Bei den Malayen ist vielfach auch der Verkehr zwischen Braut und Bräutigam mit allerlei Hemmnissen umgeben; bei den Tinguianen Luzons schläft zwischen den Neuvermählten in der ersten Nacht ein Knabe. Wo Männerbünde bestehen, wird überall das Weib von den Mahlzeiten, Tänzen, Festen und sonstigen Veranstaltungen der Männer ausgeschlossen. In Melanesien darf kein Weib ein Männerhaus betreten. Bei den alten Hebräern galt die Berührung eines Weibes als verunreinigend. Von den Schmausereien der alten Deutschen waren die Frauen ausgeschlossen, und erst Karl V. führte die Sitte ein, daß Frauen an der Tafel der Männer teilnehmen durften. Enthaltsamkeit des Mannes während der Periode und Schwangerschaft des Weibes ist weithin geboten. In Uganda haben Fürsten und Häuptlinge eigene Häuser, in die sie die schwangeren Frauen senden.

[3]) Ähnliches wird von den Männern auf Nias im indischen Ozean berichtet, Scham liegt hier nicht vor; nach Darwin fehlt den Dajaks auf Borneo sogar das vom Schamgefühl untrennbare Erröten (Gemütsbewegungen S. 278, Anm.).

kern, und auch die katholische Kirche kennt das Zölibat. Der russische Muschik meidet den Beischlaf beim Weibe, wenn sein Zweck erfüllt und das Weib schwanger ist. Und zur Zeit Schillers war es bei uns noch allgemein, daß sich der Knabe stolz vom Mädchen riß und nur mit seinesgleichen verkehrte.

Die geschlechtliche Enthaltsamkeit ist eine der Grundlagen der menschlichen Kultur. Hätte der Mensch nicht durch sie seine Zeugungsfähigkeit instinktiv eingeschränkt, so hätte sich die Organisation seines Körpers, besonders die in seinem nervösen Zentralorgan, auf der die Kulturentwicklung wesentlich beruht, nicht entwickeln können. Der Zwang zur Enthaltsamkeit, den die Natur auf alle ihre Geschöpfe ausübt, reichte beim Menschen nicht aus, die notwendige Einschränkung der Zeugungen herbeizuführen. Und je weiter die Kultur fortschritt, desto geringer wurde beim Menschen der natürliche Zwang zur Enthaltsamkeit. Während das Tier fürchterliche Kämpfe bestehen mußte, um in den Besitz eines Weibchens zu gelangen, während auch der Mensch der Urzeit noch mit dem Weibe selber kämpfen mußte, um es besitzen zu können, gelangte der Mann zur Zeit des Frauenkaufes in den Besitz zahlreicher Weiber, wenn er nur irgendwelche tauschbaren Güter besaß, und die konnte er durch Erbschaft, durch Fund, unter Umständen ohne alle eigene Mühe erlangt haben. Zu dieser Zeit, wo der Zwang zur Enthaltsamkeit sich verringert hatte, wo das Weib als Ware auf dem Markt zu haben war, und wo ein geschlechtliches Schamgefühl die Enthaltsamkeit noch nicht verbürgte, war der Instinkt der Enthaltsamkeit äußerst notwendig, um die innere — physiologische und psychologische — Organisation des Menschen aufrecht zu erhalten und zu heben.

Die fortschreitende Arbeitsteilung zwischen Mann und Weib, bei welcher dem Manne der eigentliche Kampf um die Erhaltung der Art, die Sorge für Unterhalt und Schutz der Familie zufiel, bewirkte es, daß eigentlich nur der Mann einer fortschreitenden Organisation seiner körperlichen und geistigen Kräfte bedurfte. Deswegen kam der Instinkt der geschlechtlichen Enthaltsamkeit vorwiegend am Manne zur Entwicklung. Und das Weib bedurfte seiner ja auch schon darum nicht, weil es ursprünglich geschlechtlich kalt war. Es war für die Vermehrung der Art sogar wertvoll, wenn das Weib den Instinkt der geschlechtlichen Enthaltsamkeit nicht kennen lernte, wenn es im Gegenteil nach der Richtung der größeren geschlechtlichen Erregbarkeit hin gezüchtet wurde. Und darum eben finden wir beim Weibe des Altertums den Instinkt der geschlechtlichen Enthaltsamkeit nicht entwickelt. Es tritt vielmehr am Ausgang des Altertums im Orient der Typus des geschlechtlich leicht erregbaren Weibes auf, der für die Erhaltung der Art dienlicher war als der geschlechtlich kalte, und auf dessen Entstehung, wie wir gesehen haben, der Übergang von der Vielehe zur Einehe beruht[4]).

[4]) Wo bei den niederen Völkern strenge Vorschriften in bezug auf die Bekleidung von Mann und Weib, den Geschlechtsverkehr u. dgl. bestehen, da beruhen diese in erster Reihe auf dem Instinkt der Enthaltsamkeit. Hier und dort mag zwar das

Das beginnende Mittelalter bringt nun aber eine weltgeschichtlich bedeutsame Änderung in den Beziehungen zwischen geschlechtlicher Enthaltsamkeit und Kultur hervor. Was den Mann des Altertums zur Enthaltsamkeit vom Weibe veranlaßte, war neben dem ererbten, durch das Lachen der Alten geweckten Instinkt teilweise der durch die Auslese schon geschwächte geschlechtliche Trieb (der vielfach schon in homosexuelle u. a. Richtungen entartet war), war bei vielen die Mißachtung vor der körperlichen und geistigen Schwäche des Weibes, war bei vielen der Glaube, daß Enthaltsamkeit gottgefällig sei. (Siehe oben S. 54.) Bei den arischen Völkern, wo der Geschlechtstrieb des Mannes noch ungebrochen, der des Weibes noch wenig entwickelt war, führte nun der durch die Kirche verbreitete Glaube, daß Enthaltsamkeit eine Tugend und gottgefällig sei, leicht dahin, daß der geschlechtlich zu Ausschreitungen neigende Mann sich selbst für sündig und verderbt, das Weib aber wegen seiner geschlechtlichen Kälte für ein besseres, höheres Wesen ansah. So schlug die dem Manne tief eingewurzelte Mißachtung des Weibes bei den arischen Völkern unter dem Einfluß der christlichen Lehre plötzlich in eine Verehrung des Weibes um, die als religiöse Verehrung des Weibes im Mariendienst, als weltliche im Minnedienst gipfelte[5]). Der Mann, der zur Verehrung der Frau gelangt war, konnte den Verkehr mit dem Weibe nicht mehr für etwas Erniedrigendes halten; er setzte im Gegenteil seinen Stolz darein, mit edlen Frauen zu verkehren, und sein ganzes Tun war darauf berechnet, ihre Anerkennung zu erlangen. Das färbte auch auf den geschlechtlichen Verkehr mit dem Weibe ab. Seit es Mannestugend geworden war, edlen Frauen den Hof zu machen, sah der Mann im Beischlaf nicht mehr etwas Erniedrigendes, etwas, was ihn zu Weibesschwäche hinabzog, er sah vielmehr darin die höchste Gunst des Weibes, wodurch ihn das Weib für gleichwertig erklärte, womit sie seine Mannestugend belohnte. Welch ein Umschwung der Gesinnung! Was jahrtausendelang als lächerlich und schimpflich gegolten hat, das gilt nun als ehrenvoll. Um durch ein Weib erhört zu werden, setzen Männer ihr Leben aufs Spiel, kämpfen mit Mauren und Türken, und mühen sich, künstliche Reime zu schmieden. Die Sublimierung und Veredelung des Geschlechtstriebes, die das Mittelalter als sein Eigenes zur Kulturentwicklung gab[6]), wirkt, wenn auch stark geschwächt, noch heute fort.

---

geschlechtskalte Weib die Kleidung nützen, um die Zudringlichkeit des Mannes abzuhalten; im allgemeinen aber zwingt der Mann das Weib zu stärkerer Bekleidung zum Schutze seiner eigenen Enthaltsamkeit. Es gibt aber auch niedere und halbwilde Völker, bei denen der Instinkt der Enthaltsamkeit so stark entwickelt ist, daß Männer und Frauen in der Öffentlichkeit völlig nackt erscheinen können, ohne Anstoß zu erregen. Man verachtet dort den, der an der eigenen und an fremder Nacktheit Anstoß nimmt. Bei diesen Völkern herrscht trotz der allgemeinen Nacktheit oft in bezug auf den Geschlechtsverkehr eine geradezu vorbildliche Sittenstrenge.

[5]) Mit dem Aufkommen des Wortes „Minne" lernt der Germane auch erst eine Liebe im heutigen Sinne des Wortes kennen. Bis dahin war Liebe nur ein mehr rechtliches Verhältnis zwischen Mann und Weib (siehe oben S. 40 u. 47 f.).

[6]) In derselben Weise, wie das Christentum auf die Geschlechtssitte der Arier Europas gewirkt hat, hat der Buddhismus auf die der Arier Indiens gewirkt. Der Minnedienst findet sich auch bei den Radschputen Indiens. Ihre Gedichte sind voll

Noch heute sieht der Jüngling, wenn der Sturm und Drang der Flegeljahre sich gelegt hat und das Interesse am Weibe neu erwacht ist, in jeder Jungfrau leicht das Gebild aus Himmelshöhen, dem man sich nur in tiefer Demut nahen dürfe. Und auch heute noch geizt der Mann nach dem Beifall aus holdem Frauenmunde, und er müht sich oft jahrelang in schwerer Kunst, um der Erhörung durch die Liebste willen.

Wohl war die Sublimierung des Geschlechtstriebes im Mittelalter ein ungeheurer Antrieb der Kulturentwicklung, und dieser Antrieb hatte nichts Bedenkliches, so lange die geschlechtliche Kälte des arischen Weibes die durch die Sublimierung gesteigerte Geschlechtlichkeit des arischen Mannes wettmachte und einem Übermaß geschlechtlicher Betätigung vorbeugte[7]. Bedenklich aber wurde er, als mit der zunehmenden Festigung der politischen Verhältnisse im Mittelalter die Inzucht innerhalb der einzelnen Stämme sich verstärkte und nun ebenfalls eine Auslese des Weibes auf Sanftmut und Keuschheit, auf geschlechtliche Erregbarkeit und Schamhaftigkeit hin eintrat und die ursprüngliche geschlechtliche Kälte der „Liebeskrankheit" zu weichen begann. Diese Auslese wurde noch dadurch beschleunigt, daß die Juden sich in Europa ausbreiteten und es zu geschlechtlicher Vermischung zwischen ihnen und den Ariern kam. Infolgedessen kam der Typus des geschlechtlich stark erregbaren jüdischen Weibes auch in den christlichen arischen Ländern zum Vorschein, und der Minnedienst des Weibes artete nun vielfach in Unzucht aus. Der verheiratete Mann hatte, als der Minnedienst aufkam, keinen Anstoß daran genommen, wenn sein Weib von andern Männern verehrt wurde; er sah in der geschlechtlichen Kälte seines Weibes einen Schutz vor Ehebruch. Es sah niemand ein Arg darin, wenn das Weib sich neben dem Manne einen Galan hielt[8]. Mit dem Aufkommen der geschlechtlichen Erregbarkeit des Weibes[9] wurde aber das Wesen der Galanterie zu einer Gefahr. Noch bedenklicher war es, daß geschlechtliche Enthaltsamkeit des Mannes nun gar nicht mehr als Tugend gewertet wurde, daß

romantischer Abenteuer, die unternommen werden, um eine gefangene Schönheit zu befreien oder die Ehre einer Dame zu rächen. Die Gesetzbücher der Brahmanen nennen das Weib eine Erquickung in der Wüste des Lebens und fordern den Mann auf, es zu ehren.

7) Ein treffendes Bild mittelalterlicher Zustände ist Schillers „Ritter Toggenburg". Beim Manne Sublimierung des Geschlechtlichen bis zur Ertötung aller Sinnlichkeit; beim Weibe geschlechtliche Kälte bis zur Gefühllosigkeit.

8) Vielleicht wirkte dabei auch die exogamische Geschlechtssitte der Vorzeit nach, wo der Ehefrau der Geschlechtsverkehr mit dem fremden Manne gestattet war. Die Abkehr von dieser Sitte zeigt sich darin, daß um 1300 der Gebrauch des Wortes „Weib" abkam und der des Wortes „Frau" allgemein geltend wurde. Der Minnesänger Heinrich von Meißen, der sich besonders dafür einsetzte, daß nicht das (aus der Unfreiheit aufgestiegene) „Weib", sondern die „Frau", die freigeborene Herrin, besungen werde, erhielt den Ehrennamen „Frauenlob". Der Minnedienst des Mannes galt fast immer der verheirateten Frau eines anderen. Ulrich von Lichtenstein verzehrte sich jahrelang in brünstiger Liebe zu einer hohen fürstlichen Frau, obwohl er selber Frau und Kinder hatte. Es galt aber als unschicklich, den Namen der angebeteten Frau öffentlich zu nennen.

9) Liebessehnsucht des Weibes zeigt sich in Liedern des von Kürenberg, des Dietmar von Aist u. a.

die ehedem als Stolz gewertete Zurückhaltung des Jünglings von der Jungfrau nunmehr als Blödigkeit und Ungeschliffenheit gewertet wurde. Schon der Knabe wurde angewiesen, jungen Mädchen gegenüber galant zu sein, und der Jüngling setzte seinen Stolz darein, eine „Flamme“ zu haben, und wenn er mit einer Dame promenieren konnte. Die Schäden zeigten sich zuerst in den höheren Schichten der Gesellschaft und bei der städtischen Bevölkerung. Wer enthaltsam lebte, Unzucht und Ehebruch scheute, galt als Narr. Der Ruhm eines Mannes richtete sich nach der Zahl seiner Liebeshändel, und sein Ehrgeiz war es, eine unberührte Jungfrau oder das stolze Eheweib eines andern verführen zu können. Der Typus dieser Zeit sind Boccaccio und Casanova. Die Kenntnis antikonzeptioneller und fruchtabtreibender Mittel breitete sich mit Riesenschnelle aus, und mit der Angst vor den Folgen unehelichen Geschlechtsverkehrs schwand auch beim Weibe die Scheu vor einem solchen. Es wäre im ausgehenden Mittelalter und in der Neuzeit vielleicht zur Niederbrechung aller Schranken geschlechtlicher Sittlichkeit, zur Zerstörung alles dessen gekommen, was Jahrtausende zur Einschränkung der Zeugungsfähigkeit des Menschen aufgebaut hatten, es wäre ein geschlechtliches Tohuwabohu entstanden, größer als das zur Zeit der erotischen Kulte, wenn nicht zu rechter Zeit die Syphilis aufgetreten wäre. Die Furcht vor den Geschlechtskrankheiten ersetzte nunmehr den geschwächten Instinkt der Enthaltsamkeit.

Die Erziehung zur Scham

Rückschauend auf den Gang der Untersuchung, kommen wir nun dazu, das Wesen des Schamgefühls genauer zu begrenzen. Nur eine Abgrenzung des Schamgefühls gegen andere seelische Erscheinungen ist möglich, nicht aber eine Definition, die sein inneres Wesen träfe. Denn das Gefühl ist unanschaubar und läßt sich nicht definieren. Das Schamgefühl muß zunächst unterschieden werden von den mehr körperlichen Erscheinungen, die es reflektorisch begleiten. Die Reflexe der Scham, der Augenschluß und das Erröten, haben mit dem Gefühlsinhalt der Scham nichts zu tun. Allerdings behauptet die James-Langesche Gefühlstheorie, daß die Gefühle nur Bewußtheiten leiblicher Zustände, der Blutdruckschwankungen, Muskelkontraktionen u. dgl. sind; da aber der Augenschluß und das Erröten nicht nur bei der Scham, sondern auch in anderen Fällen vorkommen, da wir die Augen auch beim Schlaf, beim Schreck, beim Nachdenken, beim Abscheu und bei allerlei Hemmungen des Selbstbewußtseins schließen, und da wir auch im Zorn und in der Freude erröten, so ist es gar nicht denkbar, daß das Schamgefühl als ein Bewußtwerden der mit dem Augenschluß und dem Erröten verbundenen leiblichen Zustände erklärt werden kann.

Das Schamgefühl ist sodann abzugrenzen gegen die Instinkte. Wessen man sich zu schämen habe, bestimmen Eltern, Erzieher, Priester, Gesetzgeber, Könige, kurz: herrschende Personen. Sie folgen dabei dem ihnen eingeborenen Moralinstinkt[10]. An den

[10]) Siehe S. 13.

beherrschten Personen, an Untertanen, Sklaven, Weibern und Kindern, entwickelt sich die Schwächung des Selbstbewußtseins, und es kommt bei ihnen zu einer vorübergehenden Hemmung desselben, die sich in den Schamreflexen äußert und im Schamgefühl bewußt wird. Dieses Schamgefühl ist zunächst noch nicht sexueller Natur. Dieses allgemeine Schamgefühl muß vom Moralinstinkt scharf unterschieden werden. Der Moralinstinkt ist sein Gegenstück, aber nicht seine Grundlage. Adam und Eva besaßen den Moralinstinkt nicht, als sie sich vor Gott schämten; hätten sie den Moralinstinkt besessen, so hätten sie die verbotene Frucht vielleicht nicht berührt. Herrschende Personen sind schamlos, und der Besitz des Moralinstinkts ist der Schamlosigkeit nicht hinderlich. Ebenso muß das später entstandene geschlechtliche Schamgefühl scharf getrennt werden vom Geschlechtsinstinkt. Bei den Tieren ist das, was die Weibchen veranlaßt, der Begattung Widerstand zu leisten, nicht Scham, sondern der auf Kampf gerichtete Geschlechtsinstinkt. Und auch das Menschenweib besitzt — bei den niederen Völkern durchweg, bei den höheren in nicht gar seltenen Ausnahmen — den auf Kampf gerichteten Geschlechtsinstinkt oder die sogenannte geschlechtliche Kälte. Vieles im Verhalten des Menschenweibes, besonders des niederen, was die Forscher als Ausfluß der Scham gedeutet haben, ist zurückzuführen auf die angeborene geschlechtliche Kälte und den aus der Tierheit ererbten Trieb zum Kampf mit dem Manne. Das Schamgefühl ist ferner unbedingt zu trennen vom Instinkt der Enthaltsamkeit. Was man bei wilden und halbwilden Männern als Ausfluß des Schamgefühls ansieht, ist vielfach Ausfluß des Instinkts der Enthaltsamkeit. Das Schamgefühl ist keineswegs dem Instinkt der Enthaltsamkeit gleichzusetzen; eine gegen den Instinkt der Enthaltsamkeit gerichtete Handlung kann zwar das Vorhandensein des geschlechtlichen Schamgefühls bei Menschen vortäuschen, die es gar nicht besitzen; aber dieses Schamgefühl ist dann eben das allgemeine und nicht das geschlechtliche. Scham und Enthaltsamkeit pflegen sich gegenseitig zu stützen. Enthaltsame Menschen geraten nicht in Gefahr, ihr Schamgefühl zu verlieren, und schamhafte Menschen sind auch enthaltsam.

Das Schamgefühl ist endlich abzugrenzen gegen die anderen Gefühle. Nach Havelock Ellis ist das Schamgefühl nichts anderes, als modifizierte Furcht. Aber wenn jemand sich seiner Glatze schämt, vor wem fürchtet er sich da? Und fürchtet etwa das Weib den geliebten Gatten, wenn sie sich vor ihm schämt? Und wenn wir uns vor uns selber schämen, da ist Furcht erst recht unmöglich. Und doch ist die von Ellis gegebene Erklärung die annehmbarste, die bisher gegeben wurde. Denn am Zustandekommen des Schamreflexes und des Schamgefühls sind, wie ich gezeigt habe, Furcht und Schreck beteiligt. Die Schamreflexe treten an den beherrschten Personen, die sich vergangen haben, hervor, wenn die herrschenden sie in Furcht und Schrecken versetzen. Aber ich habe auch gezeigt, daß das Schamgefühl auf einer eigenartigen Hemmung des Selbstbewußtseins beruht, die auch eintreten kann, ohne daß zuvor Furcht und Schreck erregt worden sind. Die Scham kann also bezeichnet werden als eine Hemmung des Selbstbewußtseins; aber diese Definition des Schamgefühls leidet wieder an dem Übelstande, daß der psychologische Begriff des Selbstbewußtseins noch kein gefestigter ist, daß es verschiedenartige Hemmungen des Selbstbewußtseins gibt und daß das Gefühl an sich jeder näheren Umschreibung spottet.

An einigen dem Buche von Havelock Ellis[10]) entnommenen Beispielen will ich zeigen, wie leicht man in der Beurteilung des Schamhaften irregehen kann. Ellis erzählt von einem Engländer, der am Euphrat eine Frau beim Baden überraschte; „sie schlug die Hände vor's Gesicht, unbekümmert darum, was der Fremde sonst noch sehen konnte". Er führt sodann den Reisebericht Niebuhrs an: „In Ägypten sah ich selbst ganz nackte Landmädchen, die sich beeilten, nach uns zu sehen, nachdem sie ihr Gesicht bedeckt hatten." (S. 29.) Er gibt dann noch weitere Beispiele dafür, daß orientalische Frauen ihren Körper, gleichgültig gegen Beschauer, bloßstellen und sich damit begnügen, das Gesicht zu bedecken. Er nimmt (S. 110) an, daß das Schamgefühl sie dazu veranlaßt. Das schamhafte Erröten, das besonders im Gesicht hervortritt, soll diesen Frauen das Gefühl eingeben, daß ihr Gesicht der eigentliche sexuelle Begierden erweckende Körperteil ist, und sie zum Bedecken des Gesichts zwingen. Er spricht davon, daß auch europäische Frauen und Mädchen das Gesicht bedecken, wenn ihr Schamgefühl verletzt wird und daß das Beichtkind im Beichtstuhl gewissenhafter beichtet, wenn sein Erröten nicht gesehen wird. Es trifft nun zu, daß Menschen bei der Scham das Gesicht bedecken. Dies ist aber meist ein instinktiv angewandtes Mittel, den Schamreflex zu verbergen und damit das Eingeständnis der Schuld zu verbergen. In letzterem Falle ist das Bedecken des Gesichts nicht ein Zeichen starker Scham, sondern gerade ein Zeichen der Schwächung des Schamgefühls durch andere Einflüsse. Auch das Bedecken des Gesichts beim Karneval ist ein Zeichen der Scham. Man schämt sich seines Tuns und bedeckt daher das Gesicht. Aber man bedeckt doch das Gesicht gerade zu dem Zwecke, um dem Schamgefühl trotzen zu können, und daher ist das Bedecken des Gesichts beim Karneval auch nur das Zeichen eines durch äußere Einflüsse stark geschwächten Schamgefühls. Bei den orientalischen Frauen aber hat das Bedecken des Gesichts mit dem Schamgefühl überhaupt nichts zu tun. Ich habe oben dargetan, daß in der Urzeit aller Geschlechtsverkehr ein Kampf war, und daß Mann und Weib erst allmählich lernten, sich in friedlicher Weise über den Beischlaf zu verständigen. Diese Verständigung wurde dadurch erleichtert, daß das Weib Mittel erfand, durch die es seine Abneigung gegen den Beischlaf oder seine Willfährigkeit andeuten konnte. Ebenso wie beim heutigen Weibe das Nesteln an Bluse und Rock, das Ausziehen des Kleides, das Kokettieren mit Wade und Strumpf u. dgl. Zeichen der Bereitwilligkeit sind, war auch für das Weib der Vorzeit das Abwerfen der Verhüllung ein Zeichen der Bereitwilligkeit. Es mag bei einzelnen Völkern, wo die Frauen die männliche Sitte des Schamschurzes nachgeahmt hatten, dazu gekommen sein, daß mit dem Schamschurz bekleidete Weiber als nicht willfährig, unbekleidete als willfährig galten[11]). Bei den Völkern, deren Frauen den Schamschurz nicht angenommen hatten, wurden andere Mittel zu gegenseitiger Verständigung erfunden. Vielfach galt Bedecken der Brust als Ablehnung des Beischlafs. Die unbekleideten Naga-Frauen kreuzen noch heute die Arme über der Brust und haben dann den Anstand vollständig gewahrt. Bei anderen Frauen genügt ein Zusammenpressen der Oberschenkel. Bei anderen Völkern, bei denen zuerst der Fuß bekleidet wurde — zum Schutze gegen Dornen und Steine — mag das Ausziehen des Schuhes als Zeichen der Willfährigkeit gegolten haben; so wird es verständlich, daß die Chinesinnen vor allem den Fuß verbergen und nur dem Ehemann dessen Anblick verstatten. Endlich ist auf irgendeine Weise bei den Frauen einzelner Völker die Gewohnheit entstanden, dem Manne

[10]) Ellis, Geschlechtstrieb und Schamgefühl. 1907.

[11]) Aber von vornherein kann die Verhüllung mit dem Schamschurz nicht den Zweck gehabt haben, die Annäherung des Mannes abzuhalten (siehe oben S. 20 ff). Bei zahlreichen Stämmen Zentralaustraliens wird der Schamschurz nur zu den Festen angelegt, und er deutet dann auf Bereitwilligkeit; und anderwärts sind es gerade Prostituierte, die bekleidet gehen.

durch Bedecken des Gesichts mit der Hand, mit Stoff oder sonst einem Gegenstand Ablehnung des Beischlafs, durch Enthüllung des Gesichts Willfährigkeit kundzugeben. Und eben daher kommt es, daß die orientalischen Frauen ihr Gesicht bedeckt halten. Im Orient ist daher Enthüllung des Rumpfes und der Geschlechtsteile gar kein Zeichen für Willfährigkeit des Weibes, für das wir es nehmen, weil wir durch unsere Geschlechtssitte daran gewöhnt sind. Dort ist dem Anstand völlig Genüge getan, wenn das Gesicht bedeckt bleibt, und die Entblößung des übrigen Körpers gilt nicht als schamverletzend. Ellis ist also im Irrtum, wenn er das Bedecken des Gesichts bei Orientalinnen für ein Zeichen der Scham hält. Wenn man sie zur Enthüllung des Gesichts zwingt, dann allerdings fühlen sie Scham; aber dieses Schamgefühl ist nicht das geschlechtliche, sondern das allgemeine; sie schämen sich, weil man sie mit unbedecktem Gesicht für willfährig halten könne. Ebenso ist das Schamgefühl, das die Frauen niederer Völker vielfach nach dem Ablegen des Schamschurzes zeigen, kein geschlechtliches, sondern das allgemeine; weil bei ihnen die Entblößung der Schamteile als Zeichen der Willfährigkeit gilt, glauben sie für willfährig gehalten zu werden.

Ellis erzählt (nach Holder), daß die Frauen der Crow-Indianer Montanas so schamhaft sind, daß kein Arzt oder Laie einer gebärenden Frau Hilfe leisten darf. Eine junge Frau, die eine schwere Geburt fast an den Rand des Grabes brachte, ließ sich vom Arzt erst dann untersuchen, nachdem sie Oberschenkel und Schamlippen mit Wattestücken bedeckt hatte. Zweifellos ein Zeichen großer Schamhaftigkeit! Aber diese Schamhaftigkeit ist, wie Ellis zugibt, um so auffallender, als bei diesem Stamme fast alle Frauen „Prostituierte" sind und sich gegen Entgelt jedem Manne hingeben. In Wahrheit kann bei diesen Frauen von geschlechtlicher Scham keine Rede sein. Eben weil sie sich jedem Manne hingeben, wirkt die Annäherung eines Mannes, zu welchem Zwecke sie auch erfolgt, immer auf den Geschlechtsinstinkt. Und da im Zustande der Geburt ein Geschlechtsverkehr unmöglich ist, so duldet der Geschlechtsinstinkt die Annäherung eines Mannes und selbst die des Arztes nicht. Ellis führt ferner die Beobachtung von Lombroso und Ferrero an, wonach Prostituierte eine vikariierende Art von Schamgefühl haben sollen. Sie schämen sich, ihre Genitalien untersuchen zu lassen, wenn sie ihre Regel haben. „Sie zeigen in dieser Beziehung oft eine Widerstandskraft, die beinahe größer ist als die vom Schamgefühl hervorgerufene bei anständigen Frauen." Aber auch in diesem Falle kann von Scham keine Rede sein. Eben weil die Prostituierten jede Annäherung eines Mannes nur als geschlechtliche empfinden können, löst die Annäherung des Arztes bei ihnen den Geschlechtsinstinkt aus; und weil sie den Geschlechtsverkehr während der Menstruation für unstatthaft halten, hindert der Geschlechtsinstinkt die Annäherung des Arztes.

Noch größere Tugendheldinnen scheinen nach Ellis die Milesierinnen gewesen zu sein. Bei ihnen entstand, wie Plutarch berichtet, eine wahre Selbstmordepidemie; die jungen Mädchen suchten sich der Ehe durch Selbstmord zu entziehen und konnten davon endlich nur dadurch abgebracht werden, daß man ein Dekret erließ, wonach jedes Weib, das sich selbst tötete, nackt über den Marktplatz getragen werden sollte. Aber auch der Heroismus der Milesierinnen entsprang nicht dem Schamgefühl. Das Weib der Urzeit war, wie ich S. 34 f. dargetan habe, der Ehe feind, weil es geschlechtlich kalt war und weil der Geschlechtsverkehr ein Kampf war. Auch bei den alten Griechen war, wie ich S. 39 dargetan habe, die Ehe vorwiegend Wirtschaftsgemeinschaft und keineswegs von Liebe getragen. Von den Milesierinnen im besonderen wissen wir, daß sie starke Kampfnaturen waren; sie übten sich gleich den Männern in gymnastischen Künsten, und es war nichts Seltenes, daß die Mädchen und Jungfrauen an den Kämpfen der Jünglinge teilnahmen. Die Abneigung der Milesierinnen gegen die Ehe und das Ausbrechen der Selbstmordepidemie ist daher erklärlich. Daß man den Selbstmord der Mädchen mit der Entblößung ihrer Leichen strafte, erklärt sich daraus, daß die Entblößung als Zeichen der Willfährigkeit galt; man holte die zu Lebzeiten verweigerte Entblößung nach dem Tode nach. Und daß die Mädchen sich durch die angedrohte Entblößung ihrer Leichen vom Selbstmord abhalten ließen, ist ebenfalls erklärlich; der Tod hatte keinen Zweck, wenn er die verabscheute Entblößung vor dem Manne doch nicht hindern konnte.

Ellis gibt den Bericht von Cook wieder, in welchem dieser erzählt, daß auf Tahiti der Beischlaf vielfach in aller Öffentlichkeit vollzogen wird, und daß er einst selbst gesehen habe, wie ein Mann den Beischlaf an einem 12jährigen Mädchen vollzog und wie dabeistehende Frauen, und zwar solche höheren Standes, dem Kinde mit Rat und Tat zur Seite gestanden hätten und alle gar keine Empfindung für das Anstößige der Handlung gehabt hätten. Die Geschichte soll ein Beweis für den Mangel des Schamgefühls bei den Bewohnern Tahitis sein. Daß diesen Insulanern kein geschlechtliches Schamgefühl innewohnen kann, ist aus meiner Darstellung vom Entstehen des geschlechtlichen Schamgefühls ohne weiteres zu entnehmen. Wir wissen nun aber, daß auf Tahiti das allgemeine Schamgefühl äußerst stark entwickelt ist. Denn dort ist das Handeln und Tun des Einzelnen durch die zahlreichen Tabu-Gesetze im höchsten Maße eingeschränkt; und diese vielen Tabus würden sich gar nicht aufrecht erhalten lassen, wenn das allgemeine Schamgefühl ihre Übertretung nicht hindern würde. Man sollte nun meinen, das allgemeine Schamgefühl müßte solche Vorkommnisse, wie sie Cook berichtet, hindern, da ja auch anderwärts die Innehaltung bestehender Geschlechtssitten allein durch das allgemeine Schamgefühl verbürgt wird. Was aber in der öffentlichen Begehung des Geschlechtsaktes zutage tritt, ist eben nicht ein Mangel an Schamgefühl, sondern die geringe Entwicklung oder besser die Rückbildung des Geschlechtsinstinkts und des Instinkts der Enthaltsamkeit. Das Weib hat dort den auf Kampf gerichteten Geschlechtsinstinkt völlig verloren, und es ist sozusagen außerstande, den Mann abzuweisen. Und der Mann hat dort den Instinkt der Enthaltsamkeit eingebüßt und weiß nicht, daß er den Beischlaf meiden soll. Es ist auch nicht verwunderlich, daß bei diesen dem Kampf mit anderen Rassen völlig entzogenen Insulanern alles, was anderwärts zur Vervollkommnung der Rasse und zur Erhaltung der Rassenhöhe dient, geschwunden ist, und daß insbesondere die für den Rassenaufstieg wertvollen Instinkte sich nicht ausgebildet oder rückgebildet haben. Wie bei den Kulturvölkern die Jagd aus einer bitteren Notwendigkeit zu einem Spiel und zu einer Unterhaltung geworden ist, so ist bei den Menschen Tahitis der Geschlechtsakt aus einem Mittel zur Erhaltung der Art zu einem bloßen Spiel und zu einer Unterhaltung geworden, an der sich jedermann beteiligt, und es fehlen dort die Instinkte, die bei uns zum Zwecke des Rassenaufstiegs an ihn geknüpft worden sind.

Ellis führt einen Bericht von Lady Montague aus dem Jahre 1717 über türkische Damen in den Bädern von Sophia an. Die Damen badeten nackt im Beisein ihrer ebenfalls nackten Sklaven. „Dennoch war nicht das leiseste zweideutige Lächeln oder sonst eine schamlose Bewegung wahrzunehmen.“ Er erwähnt auch die Tatsache, daß die römischen Damen der Kaiserzeit sich in den Bädern von nackten Sklaven massieren ließen. Auch hier liegt die Beweiskraft der Tatsachen ganz wo anders, als es Ellis vermutet. Von einer geschlechtlichen Verirrung oder einer geschlechtlichen Sonderbarkeit kann hier keine Rede sein. Es handelt sich in diesem Falle um Frauen der herrschenden Kaste, der Aristokratie, und wie ich oben dargetan habe, können herrschende Personen das Schamgefühl überhaupt nicht besitzen, weil dieses auf einer Schwächung des Selbstbewußtseins beruht, die sich nur an beherrschten Personen findet.

Die Frage, warum Erziehung zur geschlechtlichen Scham notwendig ist, möchte ich so beantworten:

Der menschliche Nachwuchs kann nur in der Familie erzogen werden. Warum nur in der Familie artvollkommene Menschen erwachsen können, kann ich hier nicht darlegen; das wird die weiteren Ausführungen aber nicht beeinträchtigen. Die Erhaltung der Familie war im Altertum dadurch verbürgt, daß auf Ehebruch schwere Strafen standen. Der Mann konnte zudem mehrere Weiber halten, und er bedurfte dann zur Befriedigung seines Geschlechtstriebes keines fremden Weibes; und der Instinkt der Enthaltsamkeit ermöglichte es ihm, allenfalls mit einem Weibe auszukommen. Das Weib blieb treu aus Furcht vor der Strafe und weil seine geschlechtliche Kälte das Verlangen nach dem Beischlaf eines fremden Mannes nicht aufkommen ließ. Es war aber für das Familienleben nicht gut, daß die Ehe auf Zwang gebaut war und daß ihr die Liebe fehlte. Weil die Gatten gegeneinander kämpften, konnten die Kinder nicht gedeihen. Die Mutter untergrub in den Kindern die Ehrfurcht vor dem Vater, der Vater untergrub in den Kindern die Liebe zur Mutter.

Die geschlechtliche Kälte des Weibes und die Enthaltsamkeit des Mannes waren auch der Vermehrung der Art entgegen; es wurden unnatürliche Reizmittel, wie die erotischen Kulte, nötig, um die Vermehrung zu fördern, und diese wirkten wieder auf eine Lockerung des Ehebandes hin. In den sozialen Gemeinschaften des Altertums konnte die Ehe unmöglich das werden, wozu die Natur sie bestimmt hatte, eine Einrichtung zur zweckmäßigen Erziehung des Nachwuchses. Denn blieb die geschlechtliche Kälte des Weibes und der Instinkt der Enthaltsamkeit beim Manne bestehen, so blieb die Ehe unvollkommen, und wurden Mann und Weib geschlechtlich erregbarer, so war die Ehe ganz und gar gefährdet [12]).

Im beginnenden Mittelalter ist die Ehe in der Gefahr völliger Auflösung. Im römischen Reich und in den römischen Pflanzstätten machen sich noch die schädlichen erotischen Kulte, das Unwesen der öffentlichen Bäder, und, als Begleiterscheinung der römischen Heere, die Prostitution geltend. In den germanischen Völkern ist die Ehe noch vielfach Wirtschaftsgemeinschaft und ist der Geschlechtsverkehr außer der Ehe vielfach nicht nur erlaubt, sondern geradezu geboten. Die einwandernden und rasch sich vermehrenden Juden bringen den Typus eines geschlechtlich stark erregbaren Weibes auf, der durch Zwang allein nicht mehr an die Ehe gefesselt werden kann. Und endlich tritt noch das Christentum auf den Plan mit seiner Verneinung der Ehe.

Aber eben dieses Christentum, das die Enthaltsamkeit bis in ihre letzten Konsequenzen forderte und darum die Ehe verneinte, hat wiederum die Ehe vor der Auflösung bewahrt. Und mehr als das: es hat die Ehe auf eine völlig neue Grundlage gestellt. Seine weltgeschichtliche Tat ist die Propaganda des in Israel entstandenen geschlechtlichen Schamgefühls, und indem es das geschlechtliche Schamgefühl propagierte, rettete es — man kann sagen wider Willen — die Ehe.

Es forderte zunächst die Abschaffung der Sklaverei, und indem es die Sklaverei beseitigte, schuf es die wesentliche Vorbedingung für die Ausbreitung des geschlechtlichen Schamgefühls. Unter den Erwachsenen fiel der Gegensatz zwischen herrschenden und beherrschten Personen; oder vielmehr es ward jedem Beherrschten die Möglichkeit gegeben, in den Kreis der Herrschenden aufzusteigen. Es fiel damit der Gegensatz von Herrenmoral und Sklavenmoral. Denn während bisher die herrschende Klasse in gewisser Weise des

[12]) Ich habe im vorigen Abschnitt gezeigt, daß im mittelalterlichen Europa tatsächlich die geschlechtliche Erregbarkeit des Weibes gesteigert und der Instinkt der Enthaltsamkeit beim Manne abgeschwächt wurde. Ich habe gezeigt, daß die Ausbreitung der Juden und die Verbreitung des Christentums wesentlich dazu beitrugen. Das Christentum, wie sehr es auch Enthaltsamkeit predigte und obgleich bei ihm die Predigt der Enthaltsamkeit bis zur offenen Verneinung der Ehe ging, hat doch wesentlich zur Abschwächung des Instinkts der Enthaltsamkeit beigetragen. Eben weil es den Geschlechtsverkehr als sündig bezeichnete, kam der Mann zur Verehrung des geschlechtlich kalten Weibes, und der als Reaktion auf das Christentum entstandene Minnedienst bewirkte dann jene Abschwächung des Instinkts der Enthaltsamkeit.

geschlechtlichen Schamgefühls bar war — da dieses nur an beherrschten Personen entstehen konnte —, bewirkte das Aufsteigen Niedriggeborener zur Herrschaft nun eine allmähliche Ausbreitung des geschlechtlichen Schamgefühls auch in der herrschenden Klasse. Es mag zwar auch heute noch in den europäischen Fürstenhäusern und in den Familien seiner Adligen und Kaufherren nicht so ehrbar zugehen, wie im allgemeinen in den Familien des Mittelstandes und vor allem in den guten bäuerlichen Familien; aber man vergleiche mit dem Hofleben der Gegenwart etwa das im 18. Jahrhundert, oder das Leben und Treiben an den mittelalterlichen Fürstenhöfen, oder die Ausschweifungen, in denen sich die Herrscher des Altertums gefielen. Man beachte, wie sorgsam der Edelmann und der Kaufherr heute auf die Ehre ihres Hauses und auf die Reinheit des Blutes in ihren Kindern bedacht sind, und vergleiche damit die Leichtfertigkeit, mit der diese Kreise noch im 18. Jahrhundert öffentlich die gute Sitte höhnten. Daß die Herrschenden das geschlechtliche Schamgefühl erlangten, daß sie nicht mehr in Widerspruch mit den Gesetzen lebten, die sie den Beherrschten diktierten, nicht mehr im Widerspruch mit der Sitte, zu deren Befolgung sie die Beherrschten zwangen, war von großer Bedeutung für Festigung der geschlechtlichen Sittlichkeit, wie der Sittlichkeit überhaupt.

Das Christentum beseitigte im Kampf gegen das Sklaventum auch die Hörigkeit des Weibes in der Ehe. Der Frauenkauf endete und mit ihm die Vielweiberei. Das Weib wurde des Mannes gleichberechtigte Genossin, und wenn beide eine Ehe eingehen wollten, so konnte es nur die Einehe sein. So schuf das Christentum, ohne daß es dieses wollte, eine neue Form der Ehe.

Indem das Christentum strikte Enthaltsamkeit predigte, zwang es die Gläubigen zunächst zur Vermeidung des außerehelichen Beischlafs. Die exogamische Ehe (der germanischen und slawischen Völker), die erotischen Kulte und die Prostitution mußten weichen. Alles, was schamverletzend wirkte in Sitte und Brauch, in Kunst und Gewerbe, mußte weichen. Mann und Weib mußten ihren Körper streng verhüllen, und Entblößung galt als Sünde. Aber auch im ehelichen Beischlaf sollte alle Fleischeslust gemieden werden. Auch die Gatten sollten sich voreinander nicht entblößen und alles vermeiden, was die Sinneslust anfachen konnte.

Und dadurch, daß das Christentum der Ehe ihre eigentliche Bestimmung nehmen wollte, daß es die fleischliche Gemeinschaft der Gatten zerstören wollte, hat es gerade die Ehe in ungeahnter Weise gefestigt. Denn nun fand das Schamgefühl in den Herzen der Menschen Raum. Der Gatte vermied alles, wodurch das Schamgefühl der Gattin verletzt werden konnte, und beide pflegten das geschlechtliche Schamgefühl ihrer Kinder. Das Schamgefühl der Gatten bürgte für ihre eheliche Treue; und die auf das Schamgefühl gebaute Ehe stand sicherer als je im Altertum [13]). Jetzt konnte das Weib seine

---

[13]) Tertullian sagt: „Das Seelenheil — nicht allein der Frauen, sondern auch der Männer — besteht hauptsächlich in der Bekundung der Schamhaftigkeit. Da wir alle der Tempel Gottes sind, so ist das Schamgefühl die Hüterin und Priesterin dieses Tempels." Clemens von Alexandrien schreibt: „Frauen werden sich

geschlechtliche Kälte aufgeben und geschlechtlich erregbar werden; jetzt konnte der Instinkt der Enthaltsamkeit beim Manne geschwächt werden; das in ihnen festgewurzelte Schamgefühl hielt sie von Fehltritten ab und ließ sie die Reinheit der Ehe wahren.

Und als nun später die katholischen Kirchenväter und mehr noch die Väter der evangelischen Kirche zu der Erkenntnis kamen, daß die Ehe notwendig sei, daß sie eine gottgewollte Einrichtung sei und daß der eheliche Beischlaf in aller Form zu gestatten sei, als sie dann weiter zu der Erkenntnis kamen, daß die Kirche nicht den Beischlaf an sich, sondern nur die geschlechtliche Schamlosigkeit zu bekämpfen habe, da konzentrierte sich die Tätigkeit der Kirche und ihrer Diener erst recht auf die Propaganda des Schamgefühls. Katholische und evangelische Geistliche kämpften gemeinsam gegen den Schmutz in Wort und Bild, in Kunst und Dichtung. Und wiewohl der Eifer oft über das Ziel hinausschoß, hat er segensreich gewirkt.

Aber das Christentum verlor seine Gewalt über die Gemüter in dem Maße, als es in dogmatische Zänkereien ausartete und seine Diener die Kanzel mißbrauchten, um auf Juden und Ketzer zu schimpfen. Die naturalistische Kunst und die materialistische Wissenschaft, die in ihrer Kirchenfeindlichkeit auch zur Verwerfung der sittlichen Ideale der Kirche gekommen waren, gewannen im 19. Jahrhundert großen Einfluß auf die Massen. Die Sublimierung des Geschlechtstriebes, die das Mittelalter erzeugt hatte, verlor sich nach und nach. Der Mann der Gegenwart sieht im Weibe nicht mehr das Gebild aus Himmelshöhen, dem man Verehrung zollen muß; er liest mit Vorliebe die naturalistischen Romane, in denen das geschlechtlich leicht erregbare, zur Ungebundenheit neigende, dirnenhafte Weib verherrlicht wird. Der Instinkt der Enthaltsamkeit ist beim modernen Manne kaum noch vorhanden, und auch das geschlechtliche Schamgefühl ist im Schwinden. Zwar macht der Mann noch Anspruch auf Jungfräulichkeit der Braut und eheliche Treue der Frau, aber er selber hält sich zur Keuschheit und Treue nicht für verpflichtet. Die Prostitution wächst in unseren Großstädten

---

vor ihren Ehemännern nicht vollständig entblößen, sondern irgendeinen glaubwürdigen Vorwand von Schamhaftigkeit erheucheln . . . . Auf keinen Fall darf es einer Frau gestattet sein, einem Manne irgendeinen Teil ihres Körpers unverhüllt zu zeigen, aus Furcht, daß beide fallen möchten, der eine durch begehrende Blicke, die andere durch die Lust, solche begehrenden Blicke zu erwecken." Eine bei Judas Thomas sich findende Erzählung von einem Königssohn und einer Königstochter, die miteinander getraut, in der Hochzeitsnacht enthaltsam blieben, zeigt noch deutlicher den Einfluß des Christentums auf die frühmittelalterliche Menschheit. „Als der Tag graute, ließ der König die Tafel decken und vor Bräutigam und Braut bringen. Er fand die beiden sich einander gegenüber sitzend; das Gesicht der Braut war nicht verschleiert; der Bräutigam war sehr heiter. Die Mutter der Braut sprach also: „Warum sitzest du hier und schämst dich nicht, sondern bist so, als seiest du schon lange Zeit verheiratet, schon so manchen Tag?" Und auch ihr Vater sprach: „Ist es deine große Liebe zu deinem Gatten, die dich abhält, dich zu verschleiern?" Die Braut antwortete: „Wahrlich, mein Vater, ich fühle große Liebe und bitte meinen Gott, daß mir die Liebe, die ich diese Nacht erfahren, erhalten bleibe. Ich bin nicht verschleiert, weil der Schleier der Verderbnis von mir genommen wurde, und ich fühle keine Scham, weil die Tat der Schande weit von mir entfernt wurde." (Nach Ellis.)

und zieht Männer und Frauen in ihren Bann. Seit die Dirne sich ehrbar kleidet, in ehrbarer Umgebung wohnt und die offene Schamlosigkeit meidet, gerät mancher, ohne es zu wissen, in ihre Hände, und jeder kann ihren Umgang suchen, ohne daß die andern es erfahren. Seit die Dirne sich mit Hilfe ärztlicher Kunst von Geschlechtskrankheiten frei hält, hindert die Scheu vor Ansteckung nicht den Verkehr mit ihr, und durch die Kenntnis antikonzeptioneller Mittel werden Frauen und Mädchen verführt, es den Dirnen nachzuahmen.

Wiederum ist die Ehe in Gefahr, und die Gegenwart heischt ein Mittel zu ihrer Festigung. Den geschwundenen Instinkt der Enthaltsamkeit werden wir nicht wieder aufbauen können, das werdende Liebesgefühl des Weibes wollen wir nicht missen. Aber wir haben an dem geschlechtlichen Schamgefühl ein Etwas, das den geschwundenen Instinkt der Enthaltsamkeit ersetzen kann und das die geschlechtliche Erregbarkeit bei Mann und Weib in den gebotenen Schranken halten kann. Wenn wir den kommenden Geschlechtern die Ehe erhalten wollen, so müssen wir vor allem bestrebt sein, das geschlechtliche Schamgefühl zu erhalten. Das geschlechtliche Schamgefühl zu pflegen, unsere Kinder zu geschlechtlicher Scham zu erziehen, ist ein Gebot der Stunde.

Das geschlechtliche Schamgefühl ist aus dem allgemeinen Schamgefühl erwachsen. Aber das geschlechtliche Schamgefühl ist bei den Kulturvölkern wiederum die Grundlage für eine Emporzüchtung des allgemeinen Schamgefühls geworden. Eltern und Lehrer pflanzen den Kindern durch Wort und Vorbild, durch Beispiel und Zucht die Liebe zu allem Guten und Schönen ein; sie ermahnen sie täglich und stündlich zu Ehrlichkeit, Wahrhaftigkeit, Schamhaftigkeit, zu aller Tugend. Aber den Kindern sind die Eltern nur dann Vorbilder und sittliche Autoritäten, wenn sie in geschlechtlicher Beziehung untadelig leben. Nichts setzt Eltern und Lehrer in den Augen der Kinder so herab, als *geschlechtliche* Schamlosigkeit. Ein Vater, der seinen Kindern das ihm innewohnende Tierische enthüllt, ist der Achtung seiner Kinder bar, und sein Wort und Vorbild gilt nicht mehr. Er kann seinen Kindern nicht mehr Tugend predigen, er kann in ihnen das allgemeine Schamgefühl nicht mehr emporzüchten. Ein Volk, dessen Männer und Frauen keine geschlechtliche Scham mehr haben, kann daher auch in bezug auf das Mein und Dein, auf Wahrheit und Treue nicht mehr schamhaft sein oder auf die Dauer schamhaft bleiben. Unsere ganze Sittlichkeit beruht auf der geschlechtlichen Scham; daher ist Sittlichkeit in erster Reihe *geschlechtliche* Sittlichkeit.

Es besteht also ein inniger Zusammenhang zwischen dem geschlechtlichen Schamgefühl und dem, was wir Gewissen, was wir Vernunft nennen. Dieser Zusammenhang muß auch im Aufbau des Gehirns und besonders in den Partien desselben, in denen das vernunftgemäße Denken zentralisiert ist, sich geltend machen; und so erklärt es sich, daß bei Dementia praecox, derjenigen geistigen Erkrankung, bei welcher vor allem das vernunftgemäße Denken, die Intelligenz, Abbruch leidet (im Gegensatz zur Paranoia, zur Manie und anderen Erkrankungen, bei denen die Intelligenz zunächst nicht geschwächt, oft sogar gesteigert erscheint), die Kranken sich in geschlechtlichen Schamlosigkeiten ärgster Art gefallen, sich entkleiden, öffentlich onanieren, Ärzte und Wartepersonal mit sexuellen Attacken verfolgen, sich an Kindern vergehen u. dgl. mehr. Die ersten Anzeichen einer auftretenden Dementia praecox sind gemeinhin ein gesteigerter Geschlechtstrieb und Neigung zu geschlechtlichen Verirrungen. Das Organ des Gehirns, in welchem das vernunftgemäße Handeln zentralisiert ist, steht also unzweifelhaft in enger Beziehung zu dem, in welchem das geschlechtliche Schamgefühl lokalisiert ist[14]).

Die Entwicklung des Schamgefühls ist in gewisser Weise an die Entwicklung des nervösen Zentralorgans gebunden. Aber umgekehrt ist die Entwicklung des nervösen Zentralorgans in gewisser Weise abhängig vom Schamgefühl. Ich habe schon darauf hingewiesen, daß im Kampf der Völker die geschlechtlich enthaltsamen obsiegen, weil sie größere Massen organischer Substanz für den Ausbau der Organisation ihres Körpers aufspeichern können als diejenigen, die diese Massen für die Zeugung ausgeben und dabei noch vielfach nutzlos verschleudern. Das geschlechtliche Schamgefühl hat Enthaltsamkeit im Gefolge, und es verhilft den Enthaltsamen zur Bewahrung der Enthaltsamkeit. Auf dem geschlechtlichen Schamgefühl beruht daher wesentlich die Weiterbildung des Organs, auf dem alle Lebensäußerungen des Menschen, sein Denken, Fühlen und Wollen in letzter Reihe beruhen.

Die Völker der Gegenwart kämpfen einen unerbittlichen Kampf um Sein und Nichtsein. Jenes Volk wird siegen, dessen Menschen die körperlich, geistig und sittlich Tüchtigsten sind. Körperliche, geistige und sittliche Tüchtigkeit beruht aber, wie wir gesehen haben, wesentlich auf dem Schamgefühl. Sie beruht auch mittelbar darauf; denn arttüchtige Menschen können nur in der Familie erwachsen, und das Glück der Ehe und ihre Festigkeit wurzeln im Schamgefühl. Jenes Volk wird siegen, das Menschen hervorbringt, jene Millionen, die im Kampf verbluten, und jene Millionen, die die eroberten Gebiete besiedeln. Aber nur die Ehe sichert die Vermehrung des Volkes, und wieder ist das Schamgefühl Bürgschaft des Sieges. Im Kampf der Völker werden diejenigen obsiegen, wo die Eltern und Lehrer, durch das geschlechtliche Schamgefühl geleitet, ihre Autorität in den Augen der Kinder aufrecht zu erhalten wissen und diese Autorität dazu gebrauchen, in den Kindern die Achtung vor Recht und Sitte und vor den Gesetzen des Staates zu erwecken. Was der Arbeiter in der Fabrik, der Gelehrte auf dem Lehrstuhl leistet, die Ehrlichkeit des Kaufmanns und die Unbestechlichkeit des Staatsbeamten, das

---

[14]) Darüber hinaus bestehen bisher noch unerforschte Beziehungen zwischen dem Denkorgan und dem Geschlechtsorgan. Pesken (Über die fermentative Tätigkeit des Serums und die serodiagnostische Methode von Abderhalden, Zeitschr. f. d. ges. Neur. u. Psych. 22. 1914) hat nachgewiesen, daß bei Dementia praecox hauptsächlich die Funktion der Geschlechtsdrüse und erst sekundär die des Gehirns gestört ist. Siehe auch Kraepelin, Psychiatrie. 8. Auflage. S. 796 ff.

alles wurzelt zuguterletzt im Schamgefühl. Und wenn sich der zaghafte Krieger in der Not des Kampfes nicht schämte vor dem mutigeren Genossen, vor dem zürnenden Führer und vor dem Spotte der Daheimgebliebenen, nicht vor Weib und Kind, zu deren Schutz er die Waffen trägt? Wirtschaftliche und kriegerische Bewährung eines Volkes sind in gleicher Weise abhängig von der Scham seiner Männer und Frauen. Stets war der Sieg eines Volkes die Frucht seiner Scham, und so wird es auch in Zukunft sein. „Scham, Scham, Scham — das ist die Geschichte der Menschheit."

O, daß du dich schämtest, mein deutsches Volk!

FSC
www.fsc.org
MIX
Papier | Fördert gute Waldnutzung
FSC® C083411

Kolibri 360 GmbH
Ferdinand-Jühlke-Straße 7
99095 Erfurt, Deutschland
produktsicherheit@kolibri360.de